즉시 기분을
바꿔드립니다

THE INSTANT MOOD FIX

즉시 기분을
바꿔드립니다

THE INSTANT MOOD FIX

올리비아 레메스 지음 | 김잔디 옮김

신기하게 마음이
편해지는 응급 처방전

위즈덤하우스

이 책을 어머니께 바칩니다.

삶이 던지는 가장 힘겨운 시련에도 버티셨고

무슨 일이 있어도 회복하는 인간의 완벽한 예를 보여주셨습니다.

어머니는 제 인생의 등불이었습니다.

'기분 구급상자'를 만들어보세요

여러분은 가정용 구급상자를 갖고 계신가요? 저는 4년 전에야 뒤늦게 구급상자를 구입했답니다.

기대를 품고 열어본 상자 안에는 구획된 칸마다 붕대, 반창고, 알코올 솜, 파스까지 살뜰하게 들어 있었어요. 이제 상처 부위를 싸쥔 채 소독약과 반창고를 찾아 헤매지 않아도 되겠구나 싶어 안심이 되더라고요. 뿌듯한 김에 여기저기 흩어져 있던 약과 연고도 발굴해서 칸들을 채워보았습니다. 스스로 준비성이 부족한 사람이라 생각했는데, 필요할 때마다 사두었던 응급 약과 소독 용품들이 꽤 되더라고요. 그때 깨달았어요. 구급상자는 응급처치에 필수적인 도구일 뿐 아니라 의료 자원을 모으는 구심점으로써도 의미가 있다는 것을요. 내가 가진 자원을 확인하고 정리하는 일이 미래에 대한 불안을 잠재워준다는 사실도 체감했고요.

작년에 번아웃과 스트레스, 우울증에 대해 이야기하면서 온오프라인 독자들과 함께 정서적 위기 상황일 때 필요한 응급 처방전을 모아서 나누는 활동을 했었어요. 각자가 힘들 때 찾는 비장의 음악, 동영상, 장소들을 이야기하는 것만으로도 큰 위안이 되더라고요. 그러다 보니 학자들이 많은 사람들을 대상으로 연구한 기분 회복 방법들도 궁금해졌습니다. 좀 더 객관적이고 단단한 처치법들이 필요하고 의지가 되는 시간들이 있으니까요.

스트레스와 다루기 어려운 감정들에 대한 대처법들을 모아 펴낸 이 책을 만났을 때, "이거야말로 '기분 구급상자'구나!"라고 외쳤습니다. 저자는 최신 연구들을 바탕으로 많은 사람들에게 도움이 될 만한 응급처치와 기분 회복 방법들을 정리해두었어요. 이어서 그 상황에 대한 뇌과학적 지식을 설명해 이해를 돕고, 마지막에는 장기 전략을 통해 회복의 방향을 제시합니다. (간명한 어조와 단호한 정리가 마음의 어려움을 너무 간략화한 것은 아닐까 걱정도 되었지만, 이 책은 구급상자니까요. 스트레스 상황에 처한 독자가 심하게 헤매거나 망설이지 않고 회복의 길을 찾아가기를 바라는 저자의 마음이 느껴졌어요.)

힘들 때 너무 숙고하기보다는 이 책에 실린 응급처치들을 하나씩 시도해보면 어떨까요? 이런 도전 자체가 기분의 흐름을 바꾸고 회복으로의 전환점이 될 수 있다고 생각합니다. 물론 시도하

즉시 기분을 바꿔드립니다

면서 힘이 들 수도, 효과를 전혀 느끼지 못할 수도 있습니다. 아예 시도 자체가 어려울 수도 있습니다. 그래도 괜찮습니다. 이 책에서 제시하는 것들은 정답이 아니라 좋은 예시들일 뿐이니까요. 구급상자에도 내가 필요한 모든 것이 다 들어 있진 않고 어떤 탈지면이나 파스는 쓸모가 없습니다. 그러나 이 상자를 바탕으로 내가 가지고 있는 자원들을 정리하지요. 여러분도 이 책의 방향과 구분을 가이드 삼아 차곡차곡 나만의 기분 구급상자를 만들어보면 어떨까요. 나에게 맞는 내용들은 색칠하고, 내 상황에 딱 맞지 않는 내용은 괄호를 치고, 나만의 방법들을 옆에 메모하며 모아가면 좋겠습니다. 만드는 과정 자체가 나의 걱정과 취약성을 이해하고, 선호하는 방식을 정리하고, 스스로를 안심시키는 의미 있는 시간이 될 거예요.

안주연

정신건강의학과 전문의, 마인드맨션 대표원장,
성균관대학교 의과대학 정신건강의학과 외래교수

나에 대하여

나는 10년 가까이 케임브리지 대학교 과학자로서 무엇이 사람들
의 삶을 꽃피우는지, 힘든 상황에서 어떻게 회복할 수 있는지 연
구해왔다. '테드 토크'와 세미나에서, 혹은 수백 명과 함께 토론을
진행하면서 잠재력 발휘를 방해하는 열 가지 패턴과 열 가지 불쾌
한 기분을 발견했다. 이런 기분은 무척 흔하지만 곪은 채로 오래
내버려두면 웰빙과 행복에 방해가 된다. 이 책에서는 여러분이 이
런 기분을 알아차리고 흘려보내며 회복할 수 있게 돕고자 한다.

즉시 기분을 바꿔드립니다

이 책에 대하여

《즉시 기분을 바꿔드립니다》는 그냥 책이 아니다. 사고방식과 사회생활, 일, 개인적 시련 등 삶의 핵심 영역을 다루는 과학에 근거한 전략 모음집이다. 나는 연구 결과와 세미나, 프레젠테이션에 온 사람들과의 상호작용을 기반으로 언제 어디서나 긍정적 사고와 결단력, 자신감을 연습할 수 있는 전략이 담긴 도구를 개발했다.

이 책을 한 장씩 넘기며 조언과 기술을 적용하다 보면 내면에서 조용한 힘이 솟아나고 한층 여유로워질 것이다. 삶이 매일 만족을 주는 근원이라는 것을 느끼고, 그럴 때마다 자신이 천천히 변화하는 것을 깨달을 것이다. 나는 여러분이 이 책을 '처방전'이라고 생각하기 바란다. 위기가 닥쳤을 때 쓸 수 있으며 조금씩 먹더라도 누적되면 커다란 효과가 나타나는 약이 이 처방전에 포함되어 있다. 각 장은 짤막하게 구성됐고 20분 정도면 읽을 수 있다. 갑자기 공황에 휩싸였을 때는 챕터 첫머리에 나오는 응급처치에 집중하기 바란다. 읽는 데 2분 이상 걸리지 않는다. 삶이 버겁고 기운이 나지 않을 때 활용해서 기분을 바꿔보자. 챕터마다 다른 기분을 다루고 있으니 필요에 따라 고르거나 곧바로 찾을 수 있다.

내가 도와주고 싶은 열 가지 기분을 소개한다.

＊ 갈팡질팡하고 있다

* 의욕을 잃어버렸다

* 자제하기가 힘들다

* 스트레스를 받고 있다

* 사는 게 버겁다

* 불안하다

* 외롭다

* 거절당했다

* 무기력하다

* 절망에 빠졌다

각 장은 다음과 같이 구성되어 있다(장마다 이 아이콘을 확인하자).

파트 1: 지금 당장, 응급처치

2분 이내에 금방 읽을 수 있으며 힘든 상황에서 빠져나오게
도와준다.

파트 2: 간단한 과학

기분과 느낌, 감정에 대한 심리학적 배경정보를 소개한다. 당
신이 겪는 일과 관련된 심리적, 신경과학적 지식을 제공하고
다른 사람들은 이런 감정에 어떤 영향을 받는지 살펴본다.

파트 3: 장기적인 대책 마련

특정한 기분이나 느낌에 대처하는 장기 전략을 소개한다. 회복력을 높이고 차질에 대응하는 능력을 키우는 깊이 있는 계발 계획이다.

지금껏 어떤 삶을 살았든 지금 상황이 어떻든 해결책을 찾아서 도움을 받을 수 있다. 실행된 적이 있고 이미 검증됐으며 창의적이고 달성 가능한 해결책이다.

—————————— / ——————————

나도 경험한 일이다

누 해 전 여름, 어머니의 암이 재발했을 때 나는 이 책에서 다루는 감정들을 느꼈고 어찌할 바를 몰랐다. 갑자기 삶이 말도 안 되는 것 같았고 세상에서 홀로 떨어져 나온 느낌이었다. 나는 무기력해질 때마다 열 가지 전략을 실천하고 여기 의존했다. 그리고 천천히 내면의 힘이 자라나는 걸 느꼈다. 보이지 않는 손이 나를 땅에서 들어 올리고 삶이라는 안장에 내려놓는 듯했다. 이 책을 통해 당신이 힘든 기분에 잘 대처하고 다시 운전대를 꽉 붙들 수 있도록 간단하면서도 효과적인 방법을 알려주고 싶다.

차례

1장

갈팡질팡하고 있나요?

2장

의욕을 잃어버렸나요?

3장

자제하기가 힘든가요?

4장

스트레스를 받고 있나요?

5장

인생이 버거운가요?

1장

갈팡질팡하고
있나요?

단호하게

결단을 내리는 법

1장에서는 결정을 내리고 결단력을 키우는 방법을 소개한다. 어떤 직장에 지원할지, 어디로 이사할지, 어떤 신발을 살지 자신 있게 결정하는 전략을 살펴본다. 당신을 가로막는 두려움을 버리고 훨씬 쉽게 결정하도록 도와줄 것이다.

마음을 정하는 데 오래 걸리거나, 다른 사람에게 의지해야 안심이 된다든지 결정을 내릴 수 있다든지 한다면, 이런 상황을 바꾸는 방법을 1장에서 알 수 있을 것이다. 핵심은 스스로 삶의 주체가 되고 의도한 대로 살아가는 것이다.

지금 당장, 응급처치

복잡한 결정을 할 때는 처음 떠오르는 직감을 따르자. 암스테르담 대학교 연구원들은 복잡한 결정일수록 최초의 직감을 따르는 편이 낫다는 사실을 밝혔다. 간단한 결정(예를 들어 수건 고르기)이라면 장단점을 비교하는 게 도움이 되지만, 역설적으로 결정이 복잡할수록(예를 들어 가구나 차 고르기) 무의식을 따르는 편이 낫다. 그러니 직감을 믿어라.[1,2]

 ## 의사 결정의 과학

읽는 시간: 10분

결정을 못 내리면 답답해진다. 이런 일이 계속 반복되면 삶에서 커다란 차질이 빚어지고 중요한 순간에 당신의 발목을 잡는다.

몇 시간씩 결정을 하지 못할 때가 있다. 제일 좋은 제품을 찾거나 이메일을 완벽하게 다듬거나 뭘 주문할지 정하는 데 한참 걸리곤 한다. 겨우 결정한 후에도 다른 걸 골랐으면 어땠을지 되새기면서 자기 선택에 만족하지 못한다.

우리가 결정을 내리는 방식은 인생에 큰 영향을 미친다. 결정

즉시 기분을 바꿔드립니다

방식에 따라 일을 마무리할 수도 질질 끌 수도 있다. 기회가 왔을 때 잡을지 아니면 기다릴지 정하기도 한다. 1장에서는 '나쁜' 결정을 내렸을 때 지나치게 고통받지 않도록 마음이 우리를 어떻게 보호하는지 살펴본다. 오랫동안 갈팡질팡하며 망설이고 있을 때, 좀 더 쉽게 결정하고 삶의 목적을 수립하는 효과적인 전략이 존재한다. 1장에서 그 방법을 소개한다.

최대자와 만족자

심리학자 배리 슈워츠Barry Schwartz는 인간을 의사 결정 스타일에 따라 여러 유형으로 구분했다. 그에 따르면 세상에는 '최대자maximiser'와 '만족자satisfier'가 존재한다.[3]

당신도 최대자를 만나봤을 것이다. 스스로 최대자라고 생각할 수도 있다. 최대자는 모든 정보를 모으고 빠짐없이 검토한 후에야 결정한다. 새 코트를 사야 할 때, 최대자는 결정하기 전에 최대한 많은 가게에 가보고 최대한 많은 코트를 입어본다. '최고'를 찾는 게 이들의 목적이다. 코트든 노트북이든, 심지어 파트너도 최고를 추구한다. 최대자는 집에서 뭔가가 고장 나면 전문가를 부른다. 하지만 그 사람을 찾는 과정이 오래 걸리고 순탄치 않다. 주변 모든 전문가를 찾아보고 최대한 후기를 읽어보고 몇 시간이고 인터넷을 검색한다. 이런 작업은 엄청나게 많은 시간을 잡아먹을 뿐 아니라 에너지도 갉아먹는다. 최대자는 천성이 철저하고 꼼꼼해서 결정과 실천을 미루기 십상이다. 선택하는 과정과 모든 가능성을 조사하는 작업이 힘에 부치기 때문이다. 물론 철저히 살펴본 끝에 대박을 터뜨리기도 하지만, 드디어 찾았다 싶을 때는 이미 지칠 대로 지쳐 있다. 힘이 다 빠져서 발견했다는 기쁨조차 즐기지 못한다.

'만족자'는 정반대다. 뭔가 사야 할 때 몇 가지 후보를 살펴본 다음에 찾던 것과 그럭저럭 일치하는 물건이 나오면 그냥 선택해버린다. 완벽을 그리 중시하지 않기에 그들의 삶은 상대적으로 느긋한 편이다. 만족자는 결정을 도와주는 중요한 원칙 하나를 따른다. 바로 **적당한 만족**good enough이다. '완벽'을 추구하지 않기 때문에 뭔가 선택하고 나서 더 나은 게 보이더라도 우울해하지 않는다. 반면 최대자는 결정을 미루는 경향이 있다. 특히 돌이키거나 마음을 바꿀 수 없다는 걸 알면 이런 성향이 더 심해진다. 다른 더 좋은 것이 나타나서 지금 선택한 것의 가치를 떨어뜨릴까 봐 걱정이 들기 때문이다. 최대자는 이렇게 늘 더 나은 것을 추구한다. 이런 성향이야말로 행복을 가로막는 주범이다.

선택의 세계

최대자에게 변화무쌍한 물질 만능 사회는 살기 어려운 세상이다. 오늘날에는 과거 어느 시대보다 많은 선택지가 존재한다. 인터넷만 접속해도 온갖 식품, TV 프로그램, 게임, 멋진 여행지가 넘쳐

난다. 최대자는 제품을 사기 전에 시장에 존재하는 모든 물건을 조사하고 싶어 한다. 하지만 선택지가 수십, 수백 가지인데 과연 가능한 일일까?

요점은 바로 이것이다. 선택지가 너무 많으면 선택의 질이 낮아지기 쉽다. 한 실험에서 초콜릿 여섯 가지를 제시한 그룹과 서른 가지를 제시한 그룹을 비교했을 때, 선택지가 적었던 그룹이 실제로 초콜릿을 구매할 확률이 더 높았다.[4] 선택지가 제한적이면 자기가 산 것에 만족할 가능성도 커진다.

어떤 과업을 수행할 때도 마찬가지다. 학생들에게 리포트 과제를 내줬을 때, 여러 주제를 놓고 고민한 그룹보다 주제 선택의 폭이 더 좁았던 그룹이 더 우수한 결과물을 제출했다.[4] 그러니까, 적을수록 더 낫다. 보이는 것, 고를 것이 적을수록 선택하기가 더 쉬워지고 고른 대상에 만족하게 된다. 필요한 것만 사고 가진 것을 즐기며, 쓸데없는 것을 줄이고 행복하게 살아갈 수 있다.

온라인 쇼핑이 범람하는 세계, 끝없이 상대가 샘솟는 온라인 데이트 플랫폼에서는 '적당한 만족'을 추구하는 편이 현명하다.[6] 몇 달에 한 번씩 더 크고 더 좋은 도구들이 쏟아져 나오는 변화무쌍한 세계에서, 전례 없이 많은 커플이 헤어지는 세상에서 '완벽'을 목표로 삼는 건 존재하지 않는 결승선을 향해 뛰어가는 행위나 다름없다. 발을 디딜 때마다 그 결승선이 뒤로 물러나 결코 닿지 못할 것이다. '완벽한' 제품, '완벽한' 집, '완벽한' 경력은 존재하지 않

'최고'보다
'적당한 만족'을
추구하자.

는다. 눈 깜짝할 사이에 더 새롭고 좋은 것들이 튀어나오기 때문이다. '적당한 만족' 원칙은 존재하지도 않는 것을 끈질기게 추구하는 삶에서 우리를 구해줄 것이다.

심리 면역체계

우리는 두렵다는 이유로 결정을 미룬다. 사람들은 선택에 따르는 위험을 두려워한다. 특히 선택에 따른 결과를 영원히 뒤집을 수 없을 때 이런 경향이 더욱 심해진다. 결정했는데 원하는 결과가 나오지 않으면 오랫동안 영향을 받을까 봐 걱정한다. 하지만 우리는 원하는 대로 흘러가지 않을 때 느낄 절망을 과대평가하는 경향이 있고, 의외로 이 사실을 잘 모른다. 사실, 인간의 회복 속도는 생각보다 빠르다.

우리는 앞으로 얼마나 고통스러울지 예상할 때마다 왜 항상 틀리는 걸까? 두 가지 이유가 있다.

첫째, 미래의 부정적인 사건으로 얼마나 속상할지 가늠해보는 순간, 동시에 다른 일상도 흘러가고 있다는 사실을 간과한다.[5-7] 현실에서는 다른 사건들에도 우리의 관심과 감정이 쏠린다. 예를 들어 한 달 후에 파트너와 헤어진다면 극도로 마음이 아플 거라고 흔히 예상한다. 오랫동안 함께했고 행복한 관계였다면 헤어지고 나서 한참 동안 무슨 일로도 웃을 수 없을 것 같다. 혹은 가까운 사람을 잃으면 우울해지고 오랫동안 계속 기분이 안 좋을 거라고 생각한다. 하지만 실제로 그런 일이 일어났다고 해보자. 연인과 헤어졌거나 가까운 사람을 잃었다. 이런 시기를 버티기 힘든 건 당연하지만, 연구에 따르면 그 감정의 강도는 생각만큼 격렬하지 않다.[5-7] 우리는 고난에 따르는 부정적인 감정을 실제보다 더 강하게 예상할 때가 많다.

힘든 시기에도 여러 가지 일이 다양하게 일어나서 기분이 좋아지고 얼굴에 미소가 떠오를 수 있다. 좋은 친구와 통화하거나 더운 여름날 시원한 음료수를 마시거나 업무상 이벤트를 준비하는 등 나머지 일이 정신 공간을 차지하고 가끔 사소한 즐거움을 안겨주기도 한다. 부정적인 사건이 벌어졌을 때 얼마나 마음이 아플지 생각해보라고 하면 보통 부정적인 기분이 쭉 이어질 거라고 예상한다. 그 시기에 일어나는 수많은 다른 사건 덕분에 기분이 나아질 가능성은 떠올리지 못한다. 인간이기에 이런 오류가 생긴다. 우리는 이별이나 상실, 그에 따른 기분에만 집중하고 다른 것들을 모조리 잊어버린다. 그 결과 이런 생각에 갇히기 쉽고, 결정을 내리거나 위험을 감수하기가 힘들어진다.

부정적인 결과를 과대평가하는 두 번째 원인은 심리 면역체계에 있다.[5-7] 신체 면역체계가 감염과 질병에 대항하듯이 정신에도 방어기제가 존재한다. 안 좋은 일이 발생하면 정신이 고유한 처리과정에 따라 충격을 흡수한다.

하버드 대학교 대니얼 길버트Daniel Gilbert는 일이 잘 풀리지 않

즉시 기분을 바꿔드립니다

심리 면역체계는
우리가 지나친 고통을
느끼지 않게 보호한다.

을 때 내부 방어기제가 작동하여 심리적으로 지나치게 가라앉는 걸 방지한다는 사실을 밝혀냈다.[5-7] 원하던 장학금이나 직장을 얻지 못했을 때, 그렇게까지 간절히 바라던 건 아니라고 생각하면 기분이 나아진다. 덜 상처받으려고 우리가 원했던 대상 자체의 결함을 찾는 것이다. 심리 면역체계는 이렇게 작동한다. 우리 마음은 기분을 나아지게 하려고 많은 일을 한다. 심지어 현실을 왜곡할 때도 있다. 이럴 때는 심리 면역체계를 지나치게 의식하지 않는 편이 좋다. 길버트가 말했듯 면역체계가 혼자 조용히 일하도록 우리는 간섭하지 말아야 한다.

자, 이제 심리 면역체계가 무엇인지 알았으니 이 정보를 어떻게 활용하면 좋을까? 앞으로 뭔가 결정해야 하는데 틀린 선택을 할까 봐 두렵다면, 무슨 일이 일어나든 결정한 후의 전개가 어떻게 되든 당신은 괜찮을 거라는 사실을 깨닫기 바란다. 생각보다 훨씬 괜찮을 것이다. 길버트의 연구에 따르면 우리는 격앙된 감정을 생각보다 잘 누그러뜨리니[7] 심리 면역체계를 우리 편으로 활용해야 한다. 그럼 의사 결정 문제로 돌아가 보자. 어떻게 해야 할까?

두려움에 휩쓸려 결정한 다음에 그저 지켜보며 초조해하지 말고, 실제로 원하는 것을 기준으로 결정을 내려야 한다. 그러고 나서는 절대 돌아보지 말자.

즉시 기분을 바꿔드립니다

차질이 생기더라도 생각만큼 마음이 힘들지 않다는 걸
미리 알면 그렇게 안간힘을 쓰지 않을 것이다. 이 지식을 유용하게
활용할 수 있다. 다시 말해, 결정한 대로 일이 잘 풀리지 않아도
당신은 생각만큼 속상하지는 않을 것이다.

장기적인 대책 마련
망설임을 극복하는 다섯 가지 전략

읽는 시간: 10분

지금까지 '나쁜' 결정을 하면 심리 면역체계가 우리를 보호하며, 망설이지 말고 결정해야 한다는 사실을 살펴봤다. 결단력을 키워주는 다른 전략도 살펴보자.

1. 위험을 견뎌내자

우리는 결정할 때마다 위험을 감수한다. 사소하게는 어떤 TV 프로그램을 볼지 결정할 때조차 마음에 안 들지도 모르는 위험을 감수하는 셈이다. 다른 도시로 이사 가는 것처럼 더 중요한 일을 결정할 때는 위험도 더 크다. 그곳에서 친구를 사귀거나 직장을 구할 수 있을까? 중요한 건 결정을 미래로 미루거나 포기하지 말고,

올바른 결정보다는
결단력 있는
행동을 했다는 데
기뻐하자.

위험을 견디고 결단을 내리는 것이다.

이게 왜 중요할까? 결단력이 자기 자신을 바라보는 관점에 영향을 주기 때문이다. 항상 우유부단하고 마음을 자주 바꾸면 스스로에 대한 신뢰가 약해진다. 내일은 전화하겠다고 결정해놓고, 내일이 오면 또 미루고 다음 기한을 정한다. 마음을 자주 바꾸고 자기가 한 말을 계속 번복하면 혼자서 마무리할 수 있다는 자신감이 사라진다.

결정을 내리고 그에 따른 위험을 견뎌야 한다. 인생은 예측하기 힘들다는 사실을 받아들이자. 받아들이는 법을 빨리 배울수록 쉬워진다.

2. 초점을 전환하자: 결단력 예찬

결단력 있는 사람이 되고 싶으면 더 빨리 결정하는 연습이 필요하다. 충분히(예를 들어 30분간) 선택지를 고려했다면 이제 결정을 내려야 한다. 결정한 후에는 '올바른' 결정보다는 결정했다는 자체에 만족하는 게 중요하다. 결단력 있게 행동했다는 것만으로 행복을 느끼면 활발하게 동기가 부여되고 앞으로도 결단력 있게 행동하는 원동력이 된다.

3. 내 원동력은 무엇일까?

어떤 직업을 선택할지, 경력을 어떻게 설계할지 결정하기 힘들다

즉시 기분을 바꿔드립니다

면 자문해본다. 내 원동력은 무엇일까? 그 대답이 당신이 좋아하고 만족하는 것, 성취감을 느끼는 대상을 찾아내는 열쇠가 된다.

4. 실패할 가능성이 0퍼센트라는 걸 알면 어떻게 행동할까?

결정하기 불안할 때마다(휴가를 쓰고 싶다고 상사에게 말해도 될지, 파트너에게 더 많은 시간을 함께하고 싶다고 요구해도 될지) 이 효과적인 질문에 대답해보자. 그 답이 당신의 삶을 바꾸는 위대한 통찰력이 되어줄 것이다.

5. 인생 리셋 버튼을 눌러보자

한 가지 생각할 거리를 나누면서 1장을 마무리하려 한다. 우리는 결정한 대로 잘 풀리지 않으면 온갖 이유로 자신을 비판하고 서서히 포기해버린다. 더는 노력하지도 위험을 감수하지도 않는다. 그럴 때는 그냥 리셋 버튼을 누르고 새로 시작하기만 해도 기분이 나아질 수 있다.

보통 사람들은 실수를 하면 마음에 새겨둔다. 기억한다는 뜻이다. '잘못된 선택', 실수와 후회에 집중할수록 마음속 기록이 계속 쌓인다. 이런 기록에 집착할수록 다음번에는 더 잘할 수 있을 것 같지만 그렇지 않다. 습관처럼 우유부단함과 실수, '실패'를 곱씹으면 더욱더 무기력해지고 의욕이 떨어진다.

그러지 말자. 인생 리셋 버튼을 누르고 백지부터 시작하면 된다. 마음속 칠판에 적힌 내용을 모두 지우고 기록을 없애야 한다. 부정적인 것들을 버린다. 첫날, 오늘, 바로 이 순간부터 새로운 습관을 들이고 천천히 자신을 다시 일으켜 세워야 한다. 기회는 또 오기 마련이고 재기할 방법을 반드시 다시 찾을 수 있다.

지난주나 지난달, 작년에 계획한 대로 혹은 결정한 대로 진행되지 않았다면 자책하는 마음은 모두 지우고 처음부터 다시 시작하자. 삶을 리셋하고 일단 첫발을 내디뎌라.

이제, 당신의 차례다

많은 이가 결정을 어려워한다. 대부분 두려움 때문이다. 틀린 결정을 할까 봐 두렵고 좋은 결과가 나오지 않을까 봐 두렵다. 하지만 역설적으로, 이런 두려움을 내려놓고 결과가 원하는 대로 풀리지 않을 가능성을 받아들이면 결단력이 더 좋아진다. 결정에 따르는 위험을 잘 견딜수록 결정하기가 더 쉬워진다.

1장에서 소개한 전략 가운데 하나만 써야 한다면 뭘 고르겠는가? 앞으로 3주 동안 결정을 내리는 순간마다 그 전략을 써본다면 당신은 어떤 다른 경험을 하게 될까? 삶은 어떻게 바뀔까?

35쪽 표에 자신이 고른 전략을 적어놓은 다음 사용할 때마다 체크해보자. 그 결과, 하루가 어떻게 바뀌었는지도 기록해보자.

즉시 기분을 바꿔드립니다

전략 연습		
날짜	전략을 사용했는가? 했다면 아래에 체크한다.	하루가 어떻게 바뀌었는가? 더 행복해지거나 책임감이 느껴지거나 더 여유로워졌는가? 뭐든 떠오르는 대로 적어보자.
1일 차		
2일 차		
3일 차		
4일 차		
5일 차		
6일 차		
7일 차		
8일 차		
9일 차		
10일 차		
11일 차		
12일 차		
13일 차		
14일 차		
15일 차		
16일 차		
17일 차		
18일 차		
19일 차		
20일 차		
21일 차		

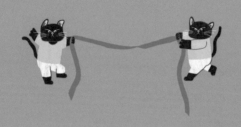

2장

의욕을
잃어버렸나요?

(엉망으로라도)

어떻게든 끝까지

해보는 법

마음이 내키지 않아서 일을 시작하기 힘든가? 프로젝트에 착수하기 어려운가? 이대로 시작하기에는 준비가 덜 된 것 같은가? 직장에서 하는 프로젝트, 요리, 청소, 까다로운 대화 등 뭐든 사람들은 잘하고 싶어 한다. 심지어 완벽해지고 싶어 한다. 하지만 이렇게 완벽해지고 싶다는 욕심이 마비와 스트레스를 불러온다. 일을 미루기도 하고 아예 시작조차 못 하기도 한다.

　어떤 일을 시작해야 하는데 뒤처진 느낌이 들 때 확실히 다시 시도할 방법이 있다. **엉망으로라도 해보는 것**이다. 2장에서는 엉망으로라도 해보기가 효과적인 이유와 이것이 곧바로 실천으로 이어질 수 있는 이유를 살펴본다. 또한 미루는 버릇을 극복하고 의욕을 높이는 장기 전략을 알려준다.

지금 당장, 응급처치

몽상에서 깨어나라. 우리는 하루 중 3분의 1을 당면한 과제와 상관없는 일을 생각하며 보낸다.[8] 몽상을 하다 보면 깊은 생각에 빠져들고 그러면 아직 이루지도 못한 목표에 한눈부터 팔게 된다.[9] 그럴 때마다 방황하는 정신을 붙들어 매서 진짜 할 일이 있는 곳으로 다시 보내야 한다.

미루기의 심리학

읽는 시간: 5분

'미루기procrastination'라는 단어는 라틴어에서 기원했는데 pro는 '앞으로', crastinus는 '내일'이라는 뜻이다. 종종 쓸데없이 발생하는 지연을 가리키며, 우리는 지금 당장 행동하는 게 가장 좋다는 사실을 뻔히 알면서도 이런 행동을 한다.

그럼 나쁘다는 걸 다 아는데 왜 미룰까? 먼저 편안하고 여유로워지고 싶기 때문이다. 일 때문에 좌절이나 짜증 같은 불쾌한 기

즉시 기분을 바꿔드립니다

분을 느끼고 싶지 않으니 어떻게든 피하려 한다. 하지만 할 일을 미루면 잠깐 숨은 돌릴 수 있을지 몰라도 장기적으로는 소용이 없다. 미루고 또 미루다 보면 스트레스를 받고[10, 11] 면역력도 떨어진다. 잠재력을 묻어둔 채 살고 있다는 생각에 후회가 고개를 들 수도 있고, 그러다 보면 인생은 놓쳐버린 기회를 줄줄이 엮어놓은 사슬이 된다.

미루는 버릇은 낮은 자기 신뢰와도 관련 있다.[12] 다시 말해 당신은 스스로 해낼 수 있다고 생각하지 않는다. 전직 테니스 코치이자 작가인 팀 갤웨이Tim Gallwey는 세계적인 테니스 선수들과 함께 일했다. 그는 삶의 성과는 잠재력에서 부정적인 생각과 자기 제한적 신념의 간섭을 뺀 결과라고 말한다.

$$성과 = 잠재력 - 간섭$$

사람들은 스스로 생각하는 것보다 더 큰 잠재력을 가지고 있지만 부정적인 생각이 끊임없이 간섭하고 방해한다. '난 그거 못 해', '어차피 면접에서 떨어질 거야' 같은 생각이 성장을 방해한다. 이런 생각은 위력이 대단해서 의욕을 떨어뜨릴 뿐 아니라 성취에도 영향을 준다. 부정적인 생각의 간섭을 최소화한다면 상황을 역전할 수 있다.

근거 없는 믿음: 내일은 하고 싶어질 거야

'내일이 되면 하고 싶어지겠지.' 이것이야말로 미루기와 관련해 가장 근거 없는 믿음이다. 반복되는 경험상 그런 일이 없을 것을 알면서도 다음에는 의욕이 생길 거라고 철석같이 믿는다. 인간의 심리가 자신을 속이기 때문이다. 우리는 스스로의 감정을 잘 안다고 생각한다. 다음에는 의욕이 생길 거라 믿지만 '다음'이 되어도 여전히 예전처럼 계속 의욕이 없다.[14]

인간의 심리에 앞으로 어떤 기분이 들지 예측하는 능력이 형편없이 떨어진다는 결점이 있다는 사실을 알고 나면 일단 시작하기 쉬워진다.[15, 16] 아는 것이 힘이니까. 다음으로 미뤘을 때 더 힘이 없을 수도 있고 기분이 좋지 않을 수도 있음을 알기 때문에 지금 당장 시작할 수 있다. 엉망으로 해도 좋다.

장기적인 대책 마련
미루는 버릇을 극복하고 의욕을 높이는 다섯 가지 전략

읽는 시간: 10분

1. 엉망으로라도 해보자

나는 깊이 연구한 끝에 동기부여의 가장 큰 비밀을 발견했다. 그 비결을 여러분과 공유하려 한다. 바로 엉망으로라도 해보는 것이

　　　　　　　　　　즉시 기분을 바꿔드립니다

다. 벅찬 일을 해야 하는데 시작하고 싶은 기분이 들지 않는다면 엉망으로라도 해라. 스트레스가 심한 프로젝트에 맞닥뜨렸다면, 시작하기에 완벽한 때와 장소가 갖춰질 때까지 기다리지 말고 바로 뛰어들어라. 잘하는 것에 신경 쓰지 말고 결과물이 어떻게 보일지 생각도 하지 말자. 엉망으로라도 하는 순간, 일단 첫발을 내디뎠을 뿐 아니라 뭔가 해낼 수 있는 여정에 접어든 셈이다. '엉망으로라도 해보기'는 실망을 설렘으로 바꾸고 부정적인 기분을 긍정적으로 승화한다.

이 모토를 실행한 사람들은 할 수 있다는 느낌과 만족감이 들었다고 말했다. 이들은 일을 피하지 않고 해냈다. 나는 '엉망'으로 한 일이 알고 보니 충분히 가치 있었다는 말을 많이 듣는다. 급하게 혹은 별생각 없이 하더라도 실제로는 결과가 상당히 괜찮을 때가 무척 많다!

작가이자 시인인 G. K. 체스터턴Chesterton이 말했듯이 "할 가치가 있는 일은 처음에는 엉망으로라도 해볼 가치가 있다." 지금 엉망으로 하더라도 나중에 얼마든지 복기하면서 손보면 된다.

2020년 8월, 나는 벤에게서 이메일을 받았다. 내 강연에서 '엉망으로라도 해보기' 전략을 듣고 실천한 사람이었다. 벤은 새로운 기회가 왔을 때 '지구에서 가장 심하게 시간을 낭비하는 사람이 돼서 사실상 마비된 듯한 상태'가 된다고 말했다. 하지만 강연 이후 내 조언을 따르면서 불안을 해소했다. 그는 이메일에 이렇게 썼다.

막상 뭔가를
하려고 들 때
느끼는 불편함을
견뎌보자.

"자기계발서나 자기대화self-talk, 그 밖의 다른 활동에 말 그대로 수천 시간을 바쳤을 때도 이루지 못했던 일을 이 간단한 말, '엉망으로라도 해보기' 덕분에 해낼 수 있었어요. 저는 '성공을 위한 실패'나 '자아와 공포, 불안을 극복하는 법' 따위의 글을 수없이 읽었지만, 무엇보다 당신이 하는 말이 절실하게 와닿았습니다."

2. 불편함을 받아들이자

일단 한번 시작하면 실천하는 습관을 들일 수 있다. 엉망이라도 일단 시작하는 것 자체가 핵심 단계다. 하지만 훨씬 쉽게 활용할 수 있는 다른 전략도 소개하고자 한다.

바로, 막상 뭔가를 하려고 들 때 생기는 불편한 느낌을 견디는 연습을 해보는 것이다. 당신이 미루는 이유는 거부감이나 좌절 같은 불편한 감정 때문일 가능성이 높다. 이런 느낌이 싫으니 벗어나고 싶다. 하지만 쾌락을 좇는 게 목표나 꿈을 추구하는 것보다 더 중요해지면 대가가 따르기 마련이다.[10, 11] 그러니 자신의 기분에서 도망치지 말고 막상 뭔가를 하려고 들 때 느끼는 불편함을 견뎌보자. 그 느낌은 일시적이고 곧 지나간다.

3. 초점을 바꾸자

대학생 시절 읽어야 할 학술지 논문이 산더미처럼 많았는데, 건조하고 복잡한 글이 대부분이었다. 1학년 때는 책상에 쌓인 종이 무더기를 보는 순간 질리는 기분이 들었다. 학위를 따려면 읽을 수밖에 없는 의무이자 삼켜야 할 쓴 약 같았다. 하지만 기분과 정신 건강에 관해 사람들과 이야기하면서 뒤에 숨은 의미가 보이기 시작했다. 불안과 우울이 인생에 얼마나 큰 영향을 미치는지, 대응 전략이 얼마나 강한 위력을 발휘하는지 알아차린 후에는 관점이 바뀌었다. 사람들과 함께 그들의 시련과 정신 건강에 관해 대화하기 시작하면서부터 과학 논문이 내 연구를 위한 참고 자료에만 그치지 않는다는 사실을 깨달았다. 이런 글들이야말로 웰빙과 삶의 목적, 좋은 삶을 위한 열쇠를 쥐고 있었다.

나는 비로소 몰두했다. 과학에 답이 있음을 깨달았다. 학자들은 어떻게 하면 우리가 삶의 주도권을 쥘 수 있는지 끊임없이 연구에 매달리고, 그 연구에 전 세계 수천 명에 달하는 피실험자들이 참여한다. 그래서 나는 논문을 읽었다.

이 이야기를 하는 이유는 딱 하나다. 해야 할 일을 앞에 뒀을 때, 읽어야 할 논문 더미가 쌓여 있을 때, 엑셀 문서를 채워야 할 때, 우리는 자신을 막다른 곳으로 몰아넣는다. 스스로의 능력에 한계를 긋는다. 하지만 해야 할 일을 하면서 동시에 느낄 수 있는 다른 감정을 생각하면 상황이 바뀌기 시작한다. 지루하고 싫증 나는 면이 아니라 다른 느낌, 이를테면 새로운 것을 배우고 싶은 열망, 직장에서 승진하고 싶은 야망 같은 것에 집중하면 몰라보게 의욕이 솟아오른다. 싫어하는 감정을 가까이하지 말고 진짜 좋아하는 감

즉시 기분을 바꿔드립니다

정에 초점을 맞추자.

여러분과 내 눈앞에는 언제든 이용해도 되는 감정들이 펼쳐져 있다. 이 공간에는 풍부한 감정이 존재하고, 부정적 감정뿐 아니라 열망과 호기심으로 자극되는 긍정적 감정도 있다.[14] 긍정적인 감정을 이용하면 흐름에 맞서는 게 아니라 **몸을 맡긴** 채 헤엄칠 수 있다.

내가 하는 일의 장점, 내가 돕고 싶은 사람에게 초점을 맞추자 상황이 좋은 방향으로 빠르게 변화했다. 물론 여전히 힘든 날은 있다. 아무리 목표 의식이 있다고 해도 비슷한 개념을 몇 주씩 읽다 보면 짜증이 나기도 한다. 점점 더 힘들어진다 싶을 때는 잠깐 쉬면서 감동적으로 읽은 책에서 발췌해놓은 문장들을 읽곤 했다. 그러면 내 마음속에 다시 불이 붙었다. 내 일의 의미가 떠올랐고, 연구 결과를 의미 있게 조합하여 새로운 진리를 발견하는 기쁨을 새삼 느낄 수 있었다. 그다음부터는 달라진 태도, 즉 호기심 가득한 마인드셋으로 다시 연구에 집중할 수 있었다.

4. 성장 마인드셋을 계발하자

동기를 부여하고 삶에 가까이 다가가는 또 다른 방법은 '성장 마인드셋'을 계발하는 것이다. 심리학자 캐럴 드웩Carol Dweck은 이런 측면을 연구하면서 성장 마인드셋을 가진 사람이 특히 훌륭한 삶을 산다는 사실을 발견했다. 이들은 차질을 기회로 봤다.[17] 문제를

성장 마인드셋을 가진 사람은
성공은 지능이 아니라
노력의 직접적 결과라고 생각한다.

회피하지 않았고, 당장 해결하기 힘든 문제와 맞닥뜨려도 오히려 더 높은 의욕을 보였다.

어떤 과업에 착수했을 때, 이들의 자기만족은 그것이 결과적으로 성공했는지 완벽하게 수행했는지가 아니라 그 중간 과정에 달려 있다. 과정이 힘들수록 기쁨이 더 커지기도 한다.[17] 그만두는 편이 더 쉬운 상황에서 끈기 있게 해나갈 때 만족도가 더 높다. 성공하지 않더라도 끝까지 해내면 자부심이 생긴다.

얼어 죽을지도 모르는데 에베레스트산을 오르려는 사람들이 도대체 무엇에 만족하는지 궁금해한 적 있는가? 토하기 직전까지 마라톤을 뛰는 사람은 또 어떤가? 그들은 자부심과 성취감을 느끼고 싶어 한다. 마라톤에서 우승하지 못하거나 산 정상에 오르지 못할 수 있다는 걸 알면서도 시도했다는 것만으로 뿌듯해한다. 피곤하고 고통스럽고 힘든 과정을 겪었지만 결승선까지 왔다는 사실만으로 행복해한다.

성장 마인드셋은 동기를 부여하고 행동을 부추긴다. 성장 마인드셋을 가진 사람에게는 실수가 그리 중요하지 않다. 여러 전략 중에 별로 효과가 없었던 경우일 뿐이다. 완벽을 추구하기보다 시행착오가 더 중요하다.

5. 유산소운동을 30분이라도 하자

유산소운동은 행복 수준을 크게 높인다. 연구에 따르면 행복할수록 의욕이 높아지고 목표를 위해 노력하기도 쉬워진다.[18] 산책하러 나가거나 부엌에서 춤을 추거나 운동 영상을 틀어도 좋다. 무엇이든 좋아하는 유산소운동을 해보자. 다시 시작하는 데 도움이 되는 좋은 방법이다.

이제, 당신의 차례다

의욕을 잃을 때마다 2장에서 소개한 전략을 활용해 다시 행동에 박차를 가할 수 있다. 성장 마인드셋을 계발하고 과녁에 시선을 고정해라. 무엇을 이루고 싶은가? **오늘 당신은 어떤 사람이 되고 싶은가?** 어떤 전략이 효과가 없다 싶으면 다른 전략을 시도하면 된다. 완벽을 추구하기보다 엉망으로라도 해보는 쪽을 선택하자.

자제력이란 무엇일까? 우리는 평소와 다르게 생각하거나 행동하거나 느끼려고 노력할 때마다 자제력을 발휘한다. 충동을 억제하고 의도한 대로 행동하고자 할 때(예를 들어 한눈팔지 않고 끝까지 일을 해낼 때) 자제력을 끌어올려야 한다. 특히 장기적인 목표를 추구할 때 계속 집중하려면 자제력이 중요하다.

한 시간 더 일해야 하는데 그럴 기분이 아니거나 유혹에 넘어가고 싶을 때도 굴복하려 하지 않는다. 조금만 더 버티면서 애써 자기 자신을 억누른다. 왜냐하면 성급하게 결정하거나 충동적으로 행동하고 싶지 않기 때문이다. 인간은 생각 없이 자동모드로 행동하지 않는다. 우리에게는 스스로 통제할 능력이 있고, 그 수준이야말로 타인과 나를 구분 짓는 결정적인 요인이다. 게다가 자제력은 유연성도 키워준다. 충동에 휩쓸려 행동하지 않는다면 생각과 기분을 자유자재로 제어할 수 있다.

 ## 지금 당장, 응급처치

항복해버리기 전에 10분만 기다리자. 커피를 한 잔 더 마시고 싶거나 담배를 한 대 피우고 싶거나 인터넷서핑을 하고 싶을 때 10분만 기다려보자. 그러면 '의지력'은 증가하고 '금지된 열매'의 유혹은 줄어든다. 이젠 아까만큼 간절히 하고 싶지는 않을 것이다.

 ## 자제력의 과학

읽는 시간: 10분

살다 보면 통제할 수 없는 일이 하고많지만, 3장에서는 당신이 실제로 다룰 수 있는 것들을 어떻게 통제할지 살펴본다. 또한 충동을 억누르는 방법도 알아볼 것이다. 이런 능력이 중요한 이유는 기분과 생각을 조절하는 데 도움이 되기 때문이다.[19] 연구에

즉시 기분을 바꿔드립니다

따르면 어렸을 때부터 자제하는 법을 연습하면 나중에 성공할 가능성이 커진다고 한다. 만족을 유예할 수 있었던(delay gratification, 나중에 얻게 될 더 큰 만족을 위해 현재의 작은 만족을 참을 수 있는 능력을 가리키는 심리학 용어—편집자) 유아들은 사춘기에 한층 자신감이 넘치고 능숙했으며 10대가 흔히 겪는 스트레스에 잘 대처했다.[20] 자제력이 강한 아이들은 30대가 되자 저축을 많이 했다.[21, 22] 절제하면 말 그대로도, 비유적으로도 덕을 본다.

다행히 어릴 때의 기질이 당신의 성격을 결정하지는 않는다. 자제력을 높이고 싶다고 생각한 것만으로 옳은 길을 선택해 첫발을 내디딘 셈이다. 이제 자제력을 기르려면 어떤 단계들을 밟아나가야 하는지 계속 살펴보자.

유혹을 거부하거나 만족을 유예할 때마다 자제력이 필요하다. 자제력은 내키지 않는 일을 하게 해주는 힘이다. 즉각적인 만족을 참으면 아무래도 마음이 불편해지기 때문에 많은 사람이 어려워할 수밖에 없다.

펜실베이니아 대학교에서 자제력을 연구하던 앤절라 더크워스 Angela Duckworth는 학교 성적을 예측하는 지표로 타고난 지능보다 자제력이 더 유용하다는 사실을 발견했다.[23] 똑똑하다는 건 새로운 기술이나 기능을 습득하고 실수에서 교훈을 얻을 수 있다는 뜻이고[24] 자제력은 좀 다르다. 절제한다는 건 자신이 원하는 방식대로 적극적으로 헤쳐 나갈 수 있다는 뜻이다. 집중력을 조절한다는

어릴 때의 기질이
당신의 성격을
결정하지는 않는다.

뜻이고 장기적 목표를 추구하면서 단기적 쾌락은 포기할 수 있다는 뜻이다.[23]

자제력이 높은 사람은 보통 고성과자인 경우가 많다. 이런 사람들은 뭐든 수월하게 해내고 심지어 즐기는 것처럼 보인다. 하지만 꼭 그렇지는 않다. 심리학자들이 학교에서 '우등생'을 연구한 결과를 보면[23, 25] 자기 관리가 철저한 학생들이라고 해서 그 상황을 반드시 긍정적으로 느끼는 건 아니었다. 그보다는 구체적인 목표(좋은 점수를 얻는 것)를 위해 계속 견디는 쪽이었다. 좋은 집중력을 타고나지 못한 평범한 학생이나 회사원 같은 사람에게 위안이 될 만한 사실이다. 현실에서 우리는 대부분 매일같이 힘든 일을 하지만 그 일을 좋아하지는 않는다. 하지만 그 일을 오랫동안 꾸준히 하는 사람들이 결국 승리한다.

당신이 가지고 있는 비전과 장애물에 맞닥뜨려도 멈추지 않는 고집, 그것이 자제력을 좌우한다. 그리고 그것이 옳다는 사실을 결과가 보여준다. 연구에 따르면 공부처럼 어려운 일을 더 오래 했던 학생들은 자제력이 높았고 더 나은 삶을 사는 경향을 보였다.

케임브리지 대학교에서 2만 명 이상을 대상으로 한 연구에 따르면[26] 자제력이 높으면 정신 건강에도 좋다고 한다. 나 자신과 내 삶의 주체라는 자각이 있으면 끊임없이 변화하고 혼란한 세상을 이해하는 데 도움이 된다. 우리가 조사한 바에 따르면 '통합력sense of coherence'이 강한 여성(이들은 세상을 관리할 수 있고 의미 있는 곳으로 보는 여성이기도 하다)은 도전하는 데 노력을 투자할 가치가 있다고 생각했다. 이들은 고난을 겪을 때도 불안의 수준이 낮았다. 비록 힘든 시기를 보냈고, 대부분 차가 없는 지역이나 콩나물시루 같은 집에 살고 있더라도 말이다. '통합력'이 강한 여성은 힘들 때 곤두박질치는 일이 드물었다.

우리는 물론 '통합력'이 상대적으로 약한 여성들로 이루어진 두 번째 집단도 관찰했다. 이들도 마찬가지로 고난에 맞닥뜨렸지만 첫 번째 집단처럼 세상을 관리할 수 있고 의미 있는 곳으로 생각하지는 않았다. 첫 번째 집단과 달리 통제력이 부족했다. 그래서 통합력이 약한 여성은 어려움을 겪을 때 많이 불안해하는 경향을 보였다.

이제 다시 자제력을 살펴보자. 지금부터는 자제력이 부족해서 힘들었던 사람들이 충동을 극복한 사례를 알아볼 것이다.

누구나 겪는 일이다

한 가지 예를 소개한다.

닉은 스물다섯 살이다. 그는 지금까지 살면서 항상 자제력이 문제였다. 대학교를 졸업하고 나서 몸에 좋은 음식을 먹기 시작했고 '지금부터는' 불량 식품을 아예 먹지 않겠다고 자기 자신과 약속했다. 하지만 배가 고프면 모든 결심이

수포로 돌아갔다. 운동을 더 열심히 하겠다고도 다짐했다. 헬스장 회원권을 갱신하고 수업을 두어 번 듣고 나면 건강을 위해 마침내 뭔가 한다는 기분이 들었다. 하지만 초반에 의욕이 폭발했다가도 점점 일상이 끼어들었고 꾸준히 운동하기 힘들었다. 그래서 헬스장을 그만뒀다가 몇 달이 지나면 더 열심히 몸을 써야 한다는 양심의 가책이 들었다. 뭔가 하겠다고 다짐할 때마다 며칠 실천하고 나면 계획이 어그러지곤 했다. 뭔가를 하겠다거나 몸을 더 잘 돌보겠다는 의지력이 아니라, 지나치게 엄격하고 지나치게 어려운 목표를 세우다 보니 지키기 힘든 상황이 문제였다. 닉은 이렇게 말했다. "일주일에 두세 번 운동하거나 아니면 아예 안 했어요." 건강에 좋은 음식만 먹고 튀김과 설탕을 완전히 빼거나, 아예 규칙을 지키지 않거나, 둘 중 하나였다. 피곤할 때나 기분이 가라앉을 때는 자제력이 사라졌다. 그래서 다이어트가 끝나면 운동도 중단해버렸다.

또 다른 문제는 닉이 새로운 일을 시도하고 며칠이 지나면 약간 번아웃되는 느낌을 받기 시작한다는 것이었다. 번아웃이 온 것은 익숙하지 않은 일을 하는 데 '자제력 근육'을 썼기 때문이다.

이렇게 자제력이 '번아웃' 되는 현상은 누구에게나 나타난다. 새로운 일, 습관이 아닌 일을 시작할 때 처음에 어렵게 느껴진 적이 있는가? 안 하던 일을 하거나, 충동적으로 행동하지 않으려고 자제력 근육을 사용할 때마다 비축된 자제력이 조금씩 줄어든다. 왜 그럴까?

펜실베이니아 대학교의 마틴 셀리그먼Martin Seligman이 전 세계 54개국 10만 명 이상을 대상으로 그들의 성격 강점에 대해 설문한 결과에 따르면 많은 사람들이 '자제력'을 발휘하기가 쉽지 않다고 대답했다.[27] 사람들은 자신의 가장 큰 강점으로 친절과 공정을 꼽았고 자제력은 아주 낮다고 평가했다. 유혹을 피하기 힘든 건 만국 공통인 모양이다. 이런 사실을 기억하면 마음이 좀 편해진다. 지금 자신의 습관을 대할 때, 그리고 그것을 바꾸려고 할 때 자기 자신에게 좀 더 관대해지기 바란다.

자제력의 대가

우리는 자제력을 발휘할 때마다 대가를 치러야 한다. 자제력은 제한된 자원이며 한 곳에 다 쓰면 다른 데 사용할 힘이 부족해진다. 특정한 방식으로 행동하거나 생각하려고 할 때, 점심때 초콜릿케이크를 안 먹으려고 노력할 때마다 자제력이 고갈된다.[28] 연구에 따르면 진짜 어려운 문제에 맞닥뜨렸을 때, 초콜릿의 유혹을 이겨낸 사람이 마음껏 먹은 사람보다 더 쉽게 포기하는 경향을 보였다.[29] 좋아하는 술을 억지로 참으면 자제력이 부족해져서 나중에 다른 노력을 하기가 힘들다.[30] 미국인 연구원 마크 무레이븐Mark Muraven이 일주일에 한 번 이상은 술을 마시는 21~45세의 적당한 애주가social drinker를 대상으로 이 가설을 실험했다.[30] 무레이븐은 실험 참가자들에게 즐겨 마시는 술을 옆에 두되 마시지는 말고 냄새만 맡으라고 지시했다. 꼭 마시고 싶을 때는 한 모금 마셔도 되지만 최대한 참으라고 했다. 그러고 나서 참가자들은 어떤 일을 해달라는 요청을 받았다. 하지만 술을 참느라 자제력을 소모한 상태였기에 그들은 할당된 일을 마무리하기가 더 힘들었다.

같은 실험에서 참가자들에게 술이 아닌 물 냄새를 맡게 했을 때 어떤 일이 벌어졌을까? 그들이 일을 더 잘했다. 결국 술의 유혹을 견뎌야 했던 사람은 물 냄새만 맡은 사람보다 일을 해내기가 더 어려웠다는 뜻이다.

이런 결과는 우리에게 어떤 의미가 있을까? 좋아하는 것을 보거나 냄새를 맡거나 상상하면서 실제로 즐기지는 못할 경우 내면에서 갈등이 일어난다. 우리는 금지된 열매를 원하지만, 또한 굴복하면 안 된다는 것도 알고 있다. 이런 내면의 갈등을 극복하려고 자제력 근육을 쓸 때마다 조금씩 더 피곤해지고 그다음에 하는 일의 효율이 떨어진다. 자제력 '빚'이 생기는 셈이다.

하지만 다행히 자제력을 지키고 에너지를 유지하며 너무 빨리 피로해지지 않을 방법이 있다. 이는 유혹에 넘어가지 않고 싶을 때 특히 유용하다. 게다가 삶을 단순화하여 우리 몸에 차곡차곡

쌓여 있는 소중한 자제력이 떨어지지 않게끔 한다. 바로, 환경을 바꾸는 것이다. 이것은 지금부터 자세히 설명할, 자제력을 개선하기 위한 다섯 가지 장기 전략 가운데 첫 번째다.

장기적인 대책 마련
자제력을 높이는 다섯 가지 전략

〔읽는 시간: 10분〕

1. 환경을 바꾸자

충동이 휘몰아치는데 절제가 안 된다면 뭔가 금지하거나 제한하기보다는 그 유혹의 대상을 주변 환경에서 없애버리는 편이 좋다.[31] 예를 들어 술을 줄이고 싶으면 다음에 술이 당길 때 아예 눈에 띄지 않도록 집에서 술병을 치워버리는 식이다.

일할 때 휴대폰 메시지를 확인하고 싶지 않으면 휴대폰을 다른 방에 두자. 내가 자주 쓰는 방법이고 제법 효과가 있다. 예전에 석사학위를 준비할 때는 휴대폰을 노트북 옆에 뒀다. 친구들도 마찬가지였다. 사소한 문제가 생기거나 어딘가 막혔을 때 휴대폰에 손을 뻗어 잠깐 한숨 돌리거나 재미있는 걸 보곤 했다. 그냥 아무 생각 없이 잠깐 쉰 거다. 하지만 메시지 몇 개를 확인하려다 한 시간 동안 스크롤만 했던 적이 종종 있었고 나도 모르는 사이에 집중력은 물론이고 의욕도 날아가버렸다. 그래서 바꿔보기로 했다. 휴대폰을 다른 방에 두거나 보이지 않게 서랍에 넣는 것이다. 눈에 보이지 않자 존재 자체를 잊어버렸다. 그 결과 능률이 올라가고 사소하게 한눈파는 일 없이 오랫동안 집중할 수 있었다. 많은 사람이 겪는 휴대폰 중독에서 빠져나오기 위해 내가 해본 시도 가운데 가장 효과적인(그리고 가장 쉬운!) 방법이었다.

이 전략이 효과적인 이유는 단순하다. 무엇이든 눈에서 멀어지면 마음에서도 멀어지기 마련이기 때문이다. 적극적으로 상황을 바꾸면 자제하기가 쉬워진다. 우리는 의심할 여지 없이, 주변 사람들에게서 영향을 받는다. 매일 시야에 들어오는 물건도 마찬가지다. 집중을 방해하거나 우리를 유혹하는 대상 자체를 바꿔보자. 휴대폰을 숨기고, 컴퓨터에서 알림 메시지를 제거하고, 집에서 간식을 없앤다. 일단 해보면, 주위에 널려 있는 유혹을 피하려고 이리저리 노력하지 않아도 환경이 당신을 도와줄 것이다.

매일 눈길이 닿는 물건은 우리에게 영향을 미친다.
집중하는 것, 생각하는 것,
그리고 궁극적으로 원하는 것에도.

---

2. 자제력 근육을 사용하자

비결은 바로 이거다. 자주 풀어줄수록, 자주 사용할수록 자제력 근육은 강해진다.[28] 무레이븐의 획기적인 연구에 그 근거가 나온다. 실험 참가자였던 대학생 예순아홉 명은 자제력이 필요한 일을 하라는 지시를 받았다.[32] 5분간 북극곰을 생각하지 말고 손을 꼭 쥐고 있으라는 과제였다. 근육에 힘이 빠지지 않도록 참으면서 손을 꼭 쥐고 있는 건 피곤한 일이고 자제력을 요하는 일이다.

또한 다른 과제도 내줬는데, 여기서 의외의 전개가 펼쳐진다. 일부 참가자들은 2주 동안 꾸준히 다양한 활동을 하라는 요청을 받았다. 어떤 참가자들에게는 2주 동안 계속 자세를 바꾸라고 했다. 그래서 그들은 최대한 자주 자리에서 일어나거나 똑바로 걸어야 했다. 또 다른 참가자들에게는 기분이 저조할 때마다 긍정적인 상태로 돌아가려고 노력해보라고 했다. 매일 먹는 음식을 세세히 적으라고 요구한 사람들도 있었다.

2주가 지난 후 모든 참가자가 모여서 실험 초반에 했던 자제력 과제(북극곰을 생각하지 않고 손을 꽉 쥐기)를 수행했다.

그랬더니 차이가 나타났다. 뭐라도 꾸준히 했던 참가자들은 전반적으로 자제력이 좋아졌고 과제가 그리 어렵지 않다고 느꼈다. 노력이 필요한 일을 할 때 피곤함도 덜 느꼈다. 이렇게 발달한 근력은 삶의 다른 부분으로도 퍼져 나갔다. 이 연구는 처음에 자제력을 발휘할 때, 예를 들어 규칙적으로 운동하거나 저녁에 프로젝

즉시 기분을 바꿔드립니다

Self -control muscles

에너지 드링크 대신

긍정 한 스푼.

트를 하려 할 때는 힘들다는 사실을 보여준다. 하지만 집요하게 매달려서 내면의 힘을 키우면, 2주 동안 꾸준히 산책하는 것처럼 상관없는 활동도 우리 삶의 모든 영역에 긍정적인 영향을 미칠 수 있다.

가장 중요한 점은, 자기조절능력이나 자제력을 키우기 위해 그에 쓰이는 근육을 풀어줘야 한다는 것이다. 그만두는 게 더 쉬운데도 지속적으로 해나갈 때, 자제력을 기르는 과정이라고 생각하면 된다. 그 순간 우리는 장기적으로 내면의 자원을 축적하고 내면의 힘을 쌓아가고 있는 것이다.

3. 긍정적인 감정 한 스푼

하루에 해야 할 일이 몇 가지 있다고 하자. 자기조절능력이 개선됐고 자제력 근육을 풀었다고 해도 오래 작업해야 하거나 한꺼번에 많은 일을 해야 할 때, 몸과 마음이 피곤할 때, 기분이 가라앉을 수 있다. 그런 순간에는 응급 기분 치료제가 필요하다. 기분을 나아지게 해줄 긍정 한 스푼을 섭취해야 한다. 오후에 컨디션이 처지기 시작하면 그대로 눕고 싶어지기 마련이다. 하지만 과학적으로는 5분에서 10분 정도 짧게 휴식하면서 스스로에게 작은 상을 주는 편이 좋다. 심리학자 다이앤 타이스Dianne Tice의 연구에 따르면 일을 하다가 기분이 좋아지는 경험을 한 사람은 이런 긍정적인 자극을 경험하지 못한 사람보다 더 오래 꾸준히 일하면서도 자제

력을 발휘했다고 한다.[33]

그럼 이런 긍정 한 스푼이 실제로 나타난다면 어떤 모습일까? 뭔가 재미있고 즐거운 영상을 보는 것일 수도 있다(타이스의 연구에서 참가자들은 로빈 윌리엄스Robin Williams와 에디 머피Eddie Murphy의 영상을 보거나 깜짝 선물을 받았다). 좋은 친구와 대화할 때, 희망찬 음악을 들을 때, 잠깐 춤을 출 때도 긍정적인 감정을 보충할 수 있다.

4. 참고 나서 얻을 수 있는 '이득'에 집중하자

즉각적인 만족을 살펴보면 보통 단기적인 욕망을 탐닉하고서 얻을 수 있는 이득에 집중하는 경향이 있다. 그보다는 유혹에 굴복하고 나서 치러야 할 대가를 생각하는 편이 훨씬 효과적이다. 우리는 어떤 대상 또는 특정한 행동을 유도하는 '힘'을 억제하려 할 때마다 일시적 만족 앞에 무릎 꿇지 않으려고 애쓴다. 하지만 '금지된 열매'의 맛과 눈앞의 단기 쾌락에 초점을 맞추면 저항하기 쉽지 않다. 그 대신 유혹을 물리쳤을 때 얻을 수 있는 이득에 집중해보자. 그러니까 커피를 줄이고 싶으면 커피를 마시고 나서 얻을 수 있는 기쁨을 생각하기보다는 항복한 뒤에 찾아올 초조함과 불안, 그리고 불면의 밤을 먼저 떠올려야 한다.

어떤 상황에 부닥치든 그 상황을 어떻게 받아들이느냐에 따라 대응 방식이 달라진다. 그리고 상황을 인식하는 방식은 크게 보면 어디에 집중할 것인가 하는 선택에 달려 있다. 순간적인 욕망에 탐닉하려는 찰나 장기적으로 치를 대가에 집중한다면, 그 대상의 매력이 줄어들 것이다.

5. 유혹의 싹을 싹둑 잘라버리자

무엇인가 실컷 자란 다음에 대응하기보다는 애초에 싹을 없애는 편이 훨씬 쉽다. 분노를 예로 들어보자. 화가 나기 시작하는 순간 재빨리 대응하고 잠깐 물러나서 식히는 편이 화를 키우고 나서 통제하기보다 쉽다.[31]

이제, 당신의 차례다

자제력은 연습하고 개선할 수 있다. 3장에서 소개하는 전략을 활용하여 필요한 자원을 처음부터 쌓아 나가보자. 지금 당장은 자제력이 부족한 것처럼 느껴져도 행동을 통해 바꿔 나갈 수 있다. 고속도로에서 자동차 두 대가 비슷한 지점에서 출발하면 처음에는 경로에 차이가 거의 없어 보인다. 하지만 한쪽이 계속 상대편과 다른 길로 벗어나면, 초반에는 별것 아니겠지만 시간이 지나면서 커다란 격차가 분명히 드러난다. 처음에는 내면에서 급진적인 변화가 일어나기는커녕 아무것도 바뀌지 않는 것 같다. 하지만 몇 주간 연습하다 보면 예전의 자신과는 완전히 달라진 모습을 마주하고 새로운 미래가 눈앞에 펼쳐질 것이다.

지금 뭔가 이루기 위해 진행하고 있는 프로젝트나 목표가 있는가? 73쪽 표에 앞으로 2주 동안 매일 진도를 기록해보자. 프로젝트나 목표에 열심히 임할수록 자제력이 더욱더 강해질 것이다. 일이 더 어렵게 느껴지는데 기분은 좋아진다는 건 그만큼 자제력이 강해졌다는 뜻이다.

자제력을 기르고 싶다면

할 일을 적어보자. 그 일이 얼마나 어려운지 매일 1(쉽다)부터 5(어렵다)까지 점수를 매긴다. 그 오른쪽 열에는 당신의 기분을 1(저조하다)부터 5(좋다)까지 표시한다. 일을 진행할수록 더 쉬워지고 기분이 좋아질 것이다. 당신의 자제력이 강해지고 있다는 신호다.

즉시 기분을 바꿔드립니다

| 할 일: _____ |
| (예: 하루에 1만 보 걷기, 창의적 프로젝트 진행하기) |

	난이도 1 = 쉽다 2 = 3 = 4 = 5 = 어렵다	기분 1 = 저조하다 2 = 3 = 4 = 5 = 좋다
1일 차		
2일 차		
3일 차		
4일 차		
5일 차		
6일 차		
7일 차		
8일 차		
9일 차		
10일 차		
11일 차		
12일 차		
13일 차		
14일 차		
회고		

4장

스트레스를
받고 있나요?

유머의 힘을

활용하는 법

누구나 매일같이 스트레스를 받는다. 약간의 스트레스는 일을 끝까지 할 수 있는 동기를 부여하지만, 스트레스가 만성이 되면 건강이 나빠진다. 스트레스가 몸과 마음에 중대한 영향을 주기 때문이다. 쉽게 피곤해지고, 우울해지기 십상이며, 면역체계가 약해지고, 심지어 심장마비까지 일어나기도 한다. 스트레스에 잘 대처하며 정신 건강을 유지하는 사람도 있지만 스트레스에 짓눌려 밤에 잠을 이루지 못하고 '망가지는' 사람도 있다.

스트레스를 다룰 때 유머는 매우 중요한 자산이 되어준다. 4장에서는 유머를 활용해 회복하는 방법을 알아볼 것이다. '스트레스의 과학'에서는 스트레스를 받을 때 우리 뇌와 몸에 어떤 일이 벌어지는지 간단히 소개한다. 마지막으로 스트레스를 극복하는 다섯 가지 전략을 살펴본다.

 ## 지금 당장, 응급처치

5분간 호흡에만 집중하자. 아주 천천히 숨을 들이마시고 내쉰다. 그러면서 모든 생각을 내려놓는다. 다시 생각이 떠오르더라도 쫓아가거나 에너지를 쓰지 말자. 부드럽게 다시 호흡에만 집중한다. 이렇게 해서 긴장되는 순간 마음을 가라앉힐 수 있다.

'웃긴' 상상을 하자. 누군가가 나를 힘들게 하거나 스트레스받게 할 때 내가 가장 즐겨 쓰는 방법이다. '웃긴' 상상을 하면 스트레스의 원인이 되는 문제를 새로운 시각에서 바라볼 수 있고 그것이 덜 위협적으로 느껴진다. 게다가 관점도 바뀐다. 참고할 만한 시나리오를 소개한다.

당신을 스트레스받게 했던 사람과 했던 대화를 다시 떠올려본다. 내 기분이 어떤지 귀 기울여보자. 마음이 불편하고 속이 거북할 수 있다. 이제 그 사람에게 우스꽝스러운 옷을 입히고 목소리를 열 톤쯤 높인다고 상상해보자. 2초에

즉시 기분을 바꿔드립니다

한 번씩 딸꾹질도 시켜본다. 기분이 어떤가? 이런 연습을 통해 상대에게 처음 느꼈던 부정적인 감정을 일부 없앨 수 있고 스트레스도 줄어든다.

내가 편안하게 느끼고 나를 웃게 하는 사람과 만나거나 통화한다. 감정은 전염되기 마련이니까. 신경이 곤두섰을 때는 긍정적이고 당신을 웃게 하는 사람을 떠올려 함께 산책해보자(직접 만나기 힘들다면 '혼자 산책하면서 그와 통화'하는 것도 좋다). 연구에 따르면 행복한 사람이 주위에 있을 때 당신도 행복해질 가능성이 크다.[34]

 스트레스의 과학

읽는 시간: 2분

스트레스 요인과 마주치면 신체 주요 기능을 관장하는 뇌 부위인 시상하부가 다양한 경로로 부신을 자극한다. 부신은 양쪽 신장 위에 있고 아드레날린과 코르티솔 같은 스트레스 반응 관련 호르몬을 분비한다. 이런 호르몬은 위험에 맞닥뜨렸을 때 우리가 행동을 취할 수 있게 하고 '투쟁-도피fight-or-flight' 반응(긴박한 위협 앞에서 자동으로 나타나는 신체적 각성 상태—옮긴이)에 관여한다. 이를테면 심장이 빠르게 뛰고 혈압이 상승하며 혈당 수치가 오른다. 이던 신체 반응은 그 순간 바로 도움이 되는데, 더욱더 기민하고 순비된 상태로 스트레스에 대처할 수 있게 되기 때문이다. 문제는 스트레스가 만성이 되어 몸이 계속 '투쟁-도피' 모드를 벗어나지 못할 때 발생한다. 끊임없이 긴장하거나 신경이 곤두서 있고, 코르티솔 같은 호르몬에 과다 노출되면 우울증이나 심장질환이 생기기 쉽고 기억이 손상되기도 한다.

하지만 유머의 힘을 빌려 웃고 나면 스트레스 반응이 진정된다. 코르티솔이나 아드레날린 같은 스트레스 호르몬 분비는 줄고 엔도르핀 같은 화학물질이 분비된다. 엔도르핀은 우리 몸속 천연 진통제이며 행복한 기분을 느끼게 해준다.

과학적으로 증명된 스트레스 극복 단계를 소개한다. 실제로 효과를 보려면 이 과정을 매일 꾸준히 실천하는 게 중요하다. 하루를 보내면서 뭔가 끊임없이 걱정되거나 부정적인 생각에 빠진다면 그것이 당신의 스트레스에 가중될 테고 몇 시간 후 수면의 질을 좌우할 것이다. 요즘 수면 위생sleep hygiene(밤에 숙면하기 위한 생활 습관과 원칙—옮긴이)을 높이기 위해 잠자리에 들기 전에 지켜야 할 규칙이 많이 언급되는데, 그에 못지않게 '주간 위생daytime hygiene'도 잘 챙겨야 한다. 잠들기 전에 적절히 준비하는 과정 못지않게 온종일 무슨 일을 하는지도 중요하다. 미리미리 정신 건강을 돌봐두면 저녁에 긴장을 풀어도 될 때 쉽게 마음을 차분히 가라앉힐 수 있다.

즉시 기분을 바꿔드립니다

장기적인 대책 마련
스트레스를 극복하는 다섯 가지 전략

읽는 시간: 10분

1. 유머를 해독제로 활용하자

유머는 스트레스에 대처하는 훌륭한 전략이다. 스트레스를 받으면 감정이 두서없이 널을 뛰어서 대응하기 어려울 때가 많다. 이럴 때 유머가 효과적인 해독제 역할을 한다. 지금 맞닥뜨린 문제에서 벗어나 잠시라도 한숨 돌리게 해주기 때문이다. 지그문트 프로이트Sigmund Freud는 유머가 삶으로부터 '철학적 분리philosophical detachment'를 가져다준다고 했다. 재미있는 일에 집중하면 잠깐이나마 삶이 조금 덜 심각하게 다가온다. 그러면 스트레스의 손아귀 힘이 조금은 약해지고 에너지가 생긴다.[35]

과학적으로 이런 효과를 '유머로 대응하기coping humour'라고 부른다. 연구에 따르면 힘든 상황에서 스트레스를 받을 때 침통하게 있기보다는 유머를 발휘하는 편이 낫다.[35, 36] 아마 직관적으로 와닿지 않을 것이다. 문제가 있으면 그만큼 심각해야 하지 않을까? 충분히 걱정하지 않으면 원하는 대로 이뤄지지 않을 것만 같다. 하지만 이런 가정이야말로 웰빙을 해치는 지름길이다. 계속 걱정하고 스트레스에 빠져들수록 부정적인 생각이 더 커지고 결국 스트레스도 심해지기 때문이다. 따라서 유머를 동원해 회복하는 것

유머를 활용하면
문제에서 한 걸음 물러나
명료하게 사고할 수 있다.

이 중요하다.

우리 할머니는 살면서 어떤 일이 닥쳐도 유머를 잃지 않았다. 심장병을 앓던 할머니는 건강상 심각한 문제가 생길까 봐 위협에 시달리고 남편(우리 할아버지)을 떠나보내면서도 시종일관 긍정적인 태도를 유지했다. 기회가 될 때마다 웃고 농담을 했던, 내가 아는 사람 중에 가장 긍정적이고 낙관적인 분이었다.

스트레스 관리 전략으로 유머를 활용하면 정신 건강에 긍정적이다. 유머가 부정적인 기분을 없애고 긍정적인 기분이 들어올 여유를 만들어준다는 것이 과학적으로도 증명됐다. 또한 문제에서 잠깐 벗어나 정신적으로 쉴 수 있다.[35, 37] 웨스턴캐롤라이나 대학교에서 실시된 연구가 이를 잘 보여준다.[38] 이 연구에서는 수학 시험을 앞둔 참가자 여든네 명을 세 그룹으로 나누었다. 시험을 치르기 전에 첫 번째 그룹은 만화 열 편을 봤고 두 번째 그룹은 시를 읽었으며 세 번째 그룹은 아무것도 하지 않았다. 그러고 나서 모두 시험을 쳤다. 그 결과 연구원들은 만화를 본 그룹이 다른 그룹보다 성적이 좋다는 사실을 발견했다. 연구원들이 그 원인을 알아내기 위해 실험이 진행되는 동안 이것저것 측정한 결과, 핵심은 불안감이었다. 재미있는 만화를 읽은 사람들은 덜 불안해했고(스트레스와 관련 있다) 다른 두 그룹에 비해 더 나은 점수를 받았다.

이처럼 스트레스를 받고 신경이 곤두서면 정신이 흐려지곤 한다. 이럴 때 만화를 읽는다거나 시트콤, 짤방, 영상을 보거나 하는 식으로 유머에 빠져들면 모든 분세를 삼산 내려놓고 새롭게 성신을 집중할 수 있다.[38, 39] 그러니 예를 들어 매일 15분 정도라도 유머를 즐기는 시간을 정해두자.

전혀 그럴 기분이 아닐 때(스트레스받을 때) 외려 농담을 던지면 긍정적인 감정이 생기고 결국 웰빙과 회복력에 도움이 된다.[40-42]

유머는 그 공간의 진체 분위기마저 바꿔놓기도 한다. 친구나 파트너와 바보 같은 논쟁을 벌이고 나서 누군가의 농담으로 긴장이 풀려 화해해본 적 있다면 쉽게 와닿을 것이다. 게다가 자연스럽게 농담하는 성격이 아니어도 연습하면 충분히 할 수 있으니 천만다행 아닌가.

2. 나에게 어울리는 유머를 연습하자

우리가 즐기는 유머의 유형이 정신 건강에 구체적인 영향을 줄 수 있다. 선한 유머를 구사하는 사람은 비꼬거나 반어법을 쓰는 사람보다 긍정적인 감정을 많이 느끼고 부정적인 감정을 덜 경험하는 경향이 있다. 스탠퍼드 대학교의 한 실험에서는 참가자들에게 다양한 부정적인 사진을 보여줬다(예를 들어 교통사고 장면이나 난폭한 동물 등).[37] 과학자들은 어떤 실험적 조작도 없는 상태에서 참가자들이 감정적으로 어떻게 반응하는지 살펴봤다. 그때 일부 참가자들은 사진을 보고 나서 선의와 연민을 활용하여, 자신이 본 것을 비웃지 않고 불완전한 삶에서 재미를 찾음으로써 유머를 끌어내라는 지시를 받았다. 다른 참가자들은 사진을 보면서 놀리고, 경멸과 우월감을 한껏 담아 비웃어야 했다. 연구원들이 다시 이들의 감정적 반응을 측정했다. 선한 유머를 보여준 사람은 사진을 비웃었던 사람보다 긍정적 감정이 훨씬 많이 증가했고 부정적 감정은 대폭 감소했다. 이처럼 스트레스받고 문제 있는 상황에서도 웃고 싶다면 선한 유머를 구사하는 편이 도움이 된다.

물론 예외는 존재한다. 업무 마감일이 정해져 있거나 유쾌하지 않은 상황에 대처할 때는 선한 유머를 쓰는 편이 좋다. 하지만 충격적인 사건, 걷잡을 수 없는 상황에서는 비열한 유머나 조롱이 큰 효과를 발휘하기도 한다. 실제로 전쟁포로들은 이런 블랙 유머(이름도 절묘한 '교수대 유머')에 의지해서 그 상황을 극복했다. 포로들끼리 대화할 때 간수를 비웃고 자신들이 겪은 고난을 조롱하기도 했다. 스스로 환경을 통제할 수 없는 상황에서 통제 지각력 perception of control을 높이는 방법이었다.[43, 44]

통제할 수 없다고 느껴지는 상황에서는 이런 교수대 유머로 대처하면 도움이 된다. 당면한 문제에서 조금 거리를 둘 수 있기 때문이다.

3. 말장난을 적극 활용하자

스스로 진지한 사람이라고 생각하거나 다른 사람을 웃기지 못해서 걱정이라면 부디 두려워하지 말자! 유머로 대응하기에서 중

연습하면 재미있는
사람이 될 수 있다.
과학자들은 이를
'유머 훈련'이라고 한다.

요한 건 재치 있는 농담으로 상대를 웃기는 게 아니다. 도저히 안 될 것 같다고 느끼는 순간, 하지만 가장 필요한 순간에 스스로 웃는 것이 중요하다. 삶에 대해 좀 더 여유로운 자세를 만들어 유지하면서 모든 것을 지나치게 심각하게 받아들이지 않아야 한다. 일단 웃기 시작하면 기분이 좋아질 때가 많다. 특정한 활동을 통해 마음이 좀 더 가벼워지는 것을 느끼고 유머를 즐길 여유를 되찾을 수 있다는 사실이 과학적으로도 증명됐다.

삶에 유머를 더하려면 말장난처럼 우리가 매일 접하는 재미있는 요소를 찾아보는 것도 방법이다. 신문이나 옥외 간판에 주목하면 손쉽게 일상에 유머를 더할 수 있다. 삶에서 유머를 즐길 방법을 찾기 시작하면 생각보다 눈에 잘 들어온다.[35]

4. 나는 어떤 유머를 좋아할까?

다양한 코미디 프로그램을 보면서 어떤 유형이 가장 마음에 드는지 알아보자. 이를테면 슬랩스틱, 블랙코미디, 최신 이슈와 관련된 시사코미디, 뭐든 좋다. 이 과정은 당신의 유머 감각이 어떤 유형인지 파악하는 데 도움이 된다.[35] 자신이 무엇을 좋아하는지 자연스럽게 파악되면 그대로 따라가 보자. 좋아하는 프로그램을 더 많이 보자. 코드가 잘 맞는 코미디언의 원맨쇼도 찾아보자. 처방약을 먹듯이 재미있는 콘텐츠를 볼 시간을 만들자. 어떻게 하면 나 자신을 웃길 수 있을지, 연기 클럽이나 개그 클럽, 스탠드업 클럽에 가입하든시 하는 식으로 어넣세 하넌 내 삶에 좋아하는 스타일의 유머를 끼웠을 수 있을지 찾아보자. 수동적인 시청자에 머물기보다는 적극적인 연기자가 되도록 노력하자.

5. 재미있는 것을 가까이 두자

일상에 유머를 더하는 또 다른 방법은 좋아하는 짤을 출력해두거나 기분을 띄워주는 장난감을 책상에 두는 것이다. 내가 일하는 책상 위에는 스머프 두 마리가 있다. 그중 하나는 안경을 쓰고 책을 든 채 '아직 쉴 때가 아니야!'라고 말하듯 내게 손가락질을 한다.

우리를 둘러싼 사물은 심리와 정신 건강에 영향을 미친다. 그러니 보면 미소가 절로 나오고 심지어 크게 웃게 되는 물건을 주위에 배치해보자!

이제, 당신의 차례다

유머는 스트레스에 매우 효과적인 해독제다. 유머를 통해 삶을 '철학적으로 분리'하고 당면한 문제에 조금 거리를 두며 새로운 관점을 얻을 수 있다. 스스로 유머 감각이 없다고 생각하더라도 유머는 연습할 수 있다. 주변에서 일어나는 재미있는 일을 알아차리고 삶에 다시 유머를 더하는 것이 첫걸음이다. 일단 유머를 찾기 시작하면 생각보다 자주 눈에 들어온다. 그리고 우리의 기분이 바뀌기 시작한다.

즉시 기분을 바꿔드립니다

5장

인생이
버거운가요?

스스로

토닥토닥하는 법

이메일이 쇄도하고, 보고서 마감이 다가오고, 상사가 회의하자고 닦달하는 상황에서 번아웃이 되는 기분인가? 아마도 아이를 키우거나 아픈 사람을 돌보느라 완전히 기진맥진한 상태일 수도 있다.

지금 당장 버거운 상황을 극복하는 팁이 필요하다면 94쪽에 나오는 '응급처치'를 바로 읽어보기 바란다. 그리고 5장의 나머지 부분에서는 자기 위로self-soothing의 심리학을 살펴본다. 버겁고 힘든 시기에 스스로 회복하는 데 도움이 되는 장기적인 변화 전략도 소개한다.

정신을 사납게 하는 잡동사니를 없애자. SNS, 뉴스, 이메일, 앱 등 핑핑 소리를 내며 쏟아져 들어오는 정보로 정신적 혼란이 가중된다. 이런 출처에서 얻는 정보는 정작 중요한 일을 할 때 필요한 뇌 영역을 밀어낸다. 진흙과 물이 담긴 병을 상상해보자. 물은 흙과 분리되어 깨끗하다. 하지만 병을 흔들면 액체는 혼탁해진다. 여기저기서 정보가 들어오는 바람에 어수선해졌을 때 우리 마음에서 똑같은 현상이 나타난다. 그래서 더는 명확하게 사고하지 못한다.

압박감을 느낄 때는 한눈팔지 않는 시간을 정하자. 이를테면 두 시간 동안 집중하는 식으로. 그러면 맑은 정신으로 일을 끝까지 해낼 수 있고 스트레스가 현저히 줄어든다.

복식호흡을 연습하자. 배에 풍선이 있고 숨을 들이마실 때마다 풍선이 부풀어 오른다고 상상해보자. 숨을 내쉬면 풍선이 쪼그라든다. 이 연습을 몇 번 하고 나면 제대로 숨을 쉬고 마음을 진정할 수 있다.

자기 위로의 심리학

한꺼번에 너무 많은 일이 일어나서 지나치게 흥분했을 때를 두고 '버겁다'라고 표현한다. 우리 뇌가 열과 성을 다해 돌아가면서 더 이상 대처하기가 힘들겠다는 느낌이 든다. 이렇게 버거울 때는 자기 위로가 필요하다. 심리학에서 위로라고 하면 부모가 우는 아이를 달래주고 붙잡아주고 부드럽게 만져주고 안아주고 상냥하게 대하는 것과 비슷하다.[45] 더는 감당할 수 없을 것 같을 때, 짜증 나고 울고 싶을 때, 우리는 스스로를 위로해야 한다. 부드럽게 자신을 추스르고 뭔가 필요하다고 말하는 내면의 작은 목소리에 귀를 기울여야 한다. 이해를 돕기 위해 내 친구 클레어가 이사하면서 겪은 일을 함께 살펴보자.

어느 날 밤, 예전 집에서 새집으로 옮길 물건이 어찌나 많던지 완전히 버거워하고 있었다. 힘이 하나도 없고 움직이기도 힘들고 기분이 저조했다. 거의 눈물이 날 지경이었다. 심지어 지난 몇 주 동안 제대로 먹지도 못했다. 주로 피자만 먹고 채소나 과일은 입에 대지도 못했는데 그래서 기운이 없는 건가 싶었다. 그날 밤 차례차례 처리해야 하는 일들이 머릿속을 괴롭혔다. 남은 물건들을 분류해서 포장한 다음에

상자에 넣고 그 외에도 이것저것 할 일이 많았다. 나는 서녁에 최대한 일을 많이 해둬야 한다고 생각했는데, 반드시 이번 주 안에 예전 집에서 모든 짐을 옮겨와야 했기 때문이다. 하지만 그날 밤에 해야 할 모든 일이 버겁게 느껴졌고 울음을 터뜨리기 일보 직전이었다. 나는 다른 사람에게 의지해서 이런 감정의 굴레로부터 벗어나고 싶었다. 하지만 가족에게 전화했더니 다들 이런 불평은 듣기 싫다고 했고, 기분 전환이 될 만한 메시지가 있는지 휴대폰을 들여다봤지만 문자 수신함은 텅 비어 있었다. 다른 사람이 이런 감정의 늪에서 나를 꺼내줄 수 없다는 사실을 깨닫자 어쩌면 좋을지 갈피가 잡히지 않았다.

그래서 스스로에게 말했다. "일단 좀 진정해." 나는 우선 예전 집에 가서 할 수 있는 만큼만 일을 처리하고 그날을 마무리하기로 했다. 빨리 가려고 서두르지 않고 천천히 내 리듬에 맞춰 걸어가서 저녁에 할 수 있는 데까지만 짐을 쌌다.

그러자 놀라운 일이 벌어졌다. 예전 집으로 걸어가기 시작했을 때, 갑자기 힘이 솟아났다. 집에 도착해서 내 페이스에 맞춰 일을 하니까 기분이 좋아졌다. 그렇게 계속하다 보니 애초에 마무리하고 싶었던 일이 모두 끝나 있었다. 모조리 다 해내겠다고 다짐하지도 않았는데 말이다. 힘이 하나도 없었던 이유는 몸보신을 제대로 안 해서가 아니었다. 나

즉시 기분을 바꿔드립니다

자신에게 너무 많은 부담을 주고 있었기 때문이었다. 그날 밤 해야 할 일의 목표 수준을 크게 낮추자 다시 기운이 생겼다. 그날 저녁, 다른 사람이 아니라 나 자신에게 의존해서 감정과 기분을 회복했다. 사람들은 쉽게 변한다. 내 손에 닿을 때도, 닿지 않을 때도 있다. 하지만 그날 저녁 나는 오로지 내 힘으로 버거운 감정을 헤쳐 나가고 기분이 좋아질 수 있다는 사실을 깨달았다.

클레어 이야기는 우리에게 힘이 되어준다. 지금까지 연구원들이 해왔던 말들을 뒷받침해주는 완벽한 사례이기도 하다. 버거울 때 저조한 기분에 대처하는 효과적인 방법이 바로 '자기 위로'다. 기준과 기대치를 낮추고 자신에게 관대해지면 '자기 위로'를 할 수 있다. 부모가 아기를 달래듯 편안해진다. 내 목소리에 귀를 기울이고 자기비판을 중단하면 기분이 절로 좋아진다. 뭔가를 천천히 하면 더 오래 지속할 수 있다.

저마다의 상황에 이것을 어떻게 적용할 수 있을지 보여주기 위해, 마음의 속도를 늦추고 압박감에 대처하는 다섯 단계를 소개한다. 이 전략을 열심히 연습하면 할수록 순간적으로 버거운 상황에도, 장기적으로도 차분해질 수 있을 것이다.

장기적인 대책 마련
버거울 때 극복하는 다섯 가지 전략

읽는 시간: 10분

1. 일시정지 버튼을 누르자

기분이 나아지는 첫 번째 방법은 그냥 멈추는 것이다. 사람이나 보고서를 신경 쓰거나 다음에 할 일이 무엇인지 생각하지 말고, 그대로 정지한다. 뒤처지는 것 같아서 버거워질 때마다 써먹으면 효과가 있다. 또한 직원에게 보상이 전혀 돌아가지 않는 업무 촉진 활동, 이기고 싶지만 발뒤꿈치도 따라갈 수 없는 사람, 화해하고 싶은 친구 등 당장 눈앞에 달랑달랑 매달려 있는 당근을 쉴 새 없이 쫓아가는 순간에도 유용하다.

삶이 버거울 때는 더 멀리 달리기보다는 그냥 멈추는 편이 낫다. 이는 무엇인가 쫓아다니며 일을 진행하려 하지도, 아직 남아 있는 일을 생각하지도 않는다는 뜻이다. 그저 멈춘다. 나는 모든 게 버겁고, 내려올 수 없는데 빙빙 돌아가는 회전목마를 탄 듯한 기분일 때 이 전략을 썼다. 화상회의로 아침을 시작해서 여기저기 이메일을 한참 쓰다 보면 몇 시간이 훌쩍 지나가 있고 그러고 나면 또 회의를 했다. 그런데 막상 하루가 끝날 무렵이 되면 아무것도 한 게 없다는 생각이 들었다. 그래서 해야 할 일에 무턱대고 뛰어들지 않고 일단 멈추기로 했다. 그러자 마음에 평화가 찾아왔고

즉시 기분을 바꿔드립니다

돌아가던 회전목마를 멈출 수 있었다.

2. 다음 단계에 집중하자

일단 한숨 돌리고 나면 다시 움직일 수 있는 상태가 된다. 이제 스스로에게 물어보자. 앞으로 해야 할 모든 일 중에 지금 당장 시작해서 성취감을 느낄 수 있는 건 뭐지? 지금 시간을 투자하면 한 단계 올라간 느낌이 들 만한 단 하나의 과제가 뭘까?

해야 할 일 가운데 하나를 고른 다음 그걸 하는 동안에는 다른 모든 일을 내려놓자. 멀티태스킹을 하지 마라. '눈가리개'를 써라. 다른 해야 할 일이 아예 생각나지 않도록. 하나를 마무리하고 나면 무엇을 이뤘는지 되짚어보자. 그리고 해냈다는 것, 그 자체에 기뻐하자.

해내고 싶은 뭔가가 하나씩 새로 생길 때마다 이 전략을 써먹을 수 있다. 1번을 끝내고 나면 내 인생에서 원하는 위치에 다가갈 수 있게끔 도와줄 다음번 일을 생각하자. 그리고 다른 건 모두 내려놓고 그 일에만 집중한다.

3. 나쁜 생각은 버리자

삶이 버거울 때는 머릿속에 온갖 생각이 난무한다. 마음의 평화를 얻고 싶으면 이런 생각을 내려놓아야 한다. 바닥에 먼지가 쌓여서 지저분해진 부엌을 청소하는 것과 같다. 우리는 커다란 빗자루를

버거울 때는 한 단계
올라갔다고 느끼게 해줄 만한
한 가지 일에 집중하자.

들고 먼지를 쓸어낸다. 마음도 마찬가지다. 큰 빗자루를 들고 머릿속을 맴도는 해야 할 일과 걱정, 불안을 치워버리는 상상을 해보자. 그리고 생각을 내려놓겠다고 마음먹는다.

대학 시절 약리학 강의를 들을 때 시험 때문에 암기할 내용이 많았다. 약리학 교수님은 활기가 넘치고 삶의 기쁨joie-de-vivre으로 충만한 분이었다. 수업 때마다 많은 정보를 압축해서 얘기하는 바람에 교수님 말을 하나라도 놓치지 않으려면 바짝 집중해야 했다. 한 번은 시험을 앞두고 모든 수강생이 스트레스를 받아가며 약 이름과 용법을 외우느라 고군분투하고 있을 때였다. 그때 교수님이 확신에 찬 말투로 이렇게 말했다. "걱정하지 마. 걱정하면 공부할 힘이 빠지잖아." 세월이 흐른 지금, 나는 교수님이 늘 자신 있게 하던 말을 여전히 마음속에 간직하고 있다.

골치 아픈 생각을 비우고 한 가지 일만 선택하여 집중하면서 그걸 어떻게 마무리할지만 생각하면 기분이 나아진다. 마음이 가벼워진다. 역설적으로 여기서 힘을 얻을 수 있다.

4. 마음의 내용이 아니라 행동을 들여다보자

몇 년 전에 한 승려가 우리 대학교에서 강연을 했다. 조용한 일요일 오후였는데 나는 지금도 그가 이야기하던 오래된 강의실의 고요한 분위기를 기억한다. 승려의 말에 따르면 사람들은 버겁고 산만할 때 그 마음속에 있는 내용에 대처하려고 한다. 나를 공격하는 사람들을 하나씩 베는 무사처럼 마음에 떠오르는 걱정, 집착과 하나씩 씨름하는 것이다. 예를 들면 부담스러운 생각이 떠오르자마자 이를 '바로 해결하려고' 한다. 어떻게 해서든 그 내용을 없애려든다. 실제로 효과가 없는 방법은 아니다. 부정적 감정을 가라앉히기 때문이다. 하지만 그다음에 다른 골치 아픈 생각이 들면 같은 과정을 처음부터 또다시 반복해야 한다. 시간이 흐를수록 이렇게 끊임없이 투쟁하고 생각을 '말살'하는 과정이 피곤하게 느껴진다.

승려는 생각의 내용에 반응하지 말고 마음의 **행동**을 들여다봐야 한다고 말했다. 생각의 내용은 계속 변하므로 여기 집중하는 건 의미가 없다. 마음이 아주 불안하거나 동요하면 온갖 충격적인 이미지가 떠오르고 압박감을 느낀다. 하지만 마음이 차분해지면 생각과 이미지가 더는 난입하지 않는다. 그래서, 어떻게 하면 마음을 가라앉힐 수 있을까? 쉴 새 없이 움직이는 작은 아이를 보듬듯이 마음을 팔에 안고서 진정할 때까지 인내하는 상상을 해보자.

가만히 못 있는 아이를 둔 부모는 아이의 주의를 돌리려고 장난감을 주거나 새로운 뭔가를 보여준다. 승려의 설명에 따르면 아이에게 필요한 건 더 많은 자극이 아니라 관심이다. 따라서 '우리 마음속의 아이'에게 관심을 주면 아이도 진정한다. 잠시 혼자 가만히 앉아서, 근심과 걱정이 요동치는 마음(버거운 마음)에서 밀려든다는 사실을 깨달으면 인식이 바뀔 것이다. 기분을 개선하기 위해 할

수 있는 일에 생각이 미친다. 그리고 안절부절못했던 바로 그 지점에서 비로소 평화가 시작된다.

5. 자신에게 관대해져라

모두 잘 해내려고 하다가 아무것도 못 할 때가 많다. 압박감을 느끼고 스트레스를 받으면서 할 수 없다는 생각이 들기 때문이다. 이런 시기에는 자신에게 관대해져야 한다. 할 만큼만 하고 하루를 마무리하자. '전부 해내려고' 스스로 몰아붙일 때보다 오히려 더 많은 일을 할 수 있을 것이다.

어느 날 친구가 당신에게 자신이 왜 이토록 버거운지 하나하나 이야기했다고 생각해보자. 그 친구에게 뭐라고 말해주면 좋을까? 문제에 공감하면서 잘 추스르고 용기를 내라며 친절하고 부드럽게 말할 것이다. 해내지 못할 것 같은 기분이 들 때 나 자신에게도 똑같이 대해주자. 너그러움을 발휘하여 스스로에게 친구가 되어주자.

이제, 당신의 차례다

버거울 때는 잠들기도, 자신을 돌보기도 힘들고 무엇이든 해내기 쉽지 않다. 이런 상태에서 벗어나려면 먼저 자기 자신에게 관대해져야 한다. 그저 잠깐 멈추고 심호흡을 해보자. 가만히 정지한 채 모든 것이 저절로 내려앉게 하자. 다시 움직일 준비가 되면 한 번

즉시 기분을 바꿔드립니다

에 한 가지에만 집중한다. 삶에서 나아갈 수 있게끔 도와주는 단 하나여야 한다. 쉽게 생각하고 단순하게 행동하자. 마틴 루서 킹 Martin Luther King은 이렇게 말했다. "계단 전체를 볼 필요는 없다. 그냥 첫발을 내디뎌라."

6장

불안한가요?

골치 아픈 생각에
대처하는 법

당신이 만약 이 챕터에 먼저 눈길이 갔다면 하기 싫은 생각에 골치가 아플 가능성이 크다. 무력한 기분이 들어서 그만하고 싶지만 이런 생각은 끊임없이 떠오른다. 혹은 스스로 비관적인 사람이라고 생각하며 그런 자신을 바꾸고 싶은가? 6장에서는 과학자들이 낙관주의에 관해 발견한 핵심 내용을 압축하여 소개한다. 낙관주의란 무엇일까? 왜 어떤 사람은 다른 이들보다 특히 긍정적일까? 어떻게 하면 우리가 원하는 삶에 더 가까워지도록 변화할 수 있을까? 그 답이 더 낙관적인 삶, 어쩌면 더 보람된 삶을 살아갈 수 있는 핵심일지도 모른다.

스스로를 괴롭히지 말자. 말은 우리가 아는 것보다 더 힘이 세다. 자신에게(혹은 타인에게) 불안하거나 무능력하거나 부끄럽다고 말할 때마다 대상을 이런 특성과 동일시함으로써 무의식중에 생각이 굳어진다. 여기서 벗어나려면 마음속으로 스스로를 괴롭히지 말고 친구에게 말하듯이 자신과 대화해야 한다.

자문해보자. '지금 당장 내게 도움이 될 만한 일은 무엇일까?' 결과를 되돌릴 수 없는 상황이 되거나 뭔가 망치고 나서 무기력해질 때마다 스스로 이 질문을 던져보자. 그러면서 다시 주도권을 잡고 초점을 바꿀 수 있다. 이런 연습을 한 다음에 나중에 같은 문제로 돌아오면 다른 관점에서 문제를 바라보게 되고 기분이 바뀌기 마련이다.

 불안의 심리학

읽는 시간: 10분

오랫동안 불안에 시달린 사람은 그 자체가 자기 성격이라고 생각하기 쉽다. 태어날 때부터 쉽게 두려워하거나 긴장하게 타고났고, 스스로 아무것도 못한다고 생각하며 무기력해진다. 사회적으로 불안하다 보니 스스로 '괴상'하거나 '수줍음이 많은' 사람이라고 생각한다. 삶에서 벌어지는 모든 일을 끊임없이 걱정하면서 통제할 수 없다고 생각하기도 한다. 그래서 자신이 어떤 일을 겪고 있는지 다른 사람에게 말하기까지 몇 년이 걸린다.[46] 하지만 불안을 해소하는 데 오래 망설일수록 건강과 삶에 미치는 부정적인 영향이 점점 커진다.

케임브리지 대학교에서 동료들과 나는 '범불안장애generalized anxiety disorder'를 연구했다. 이는 인생의 수많은 일을 끊임없이 걱정하다 보니 결국 쇠약해지는 증상이다. 우리 연구에 따르면 범불안장애를 앓는 사람은 장기적으로 건강상 여러 문제를 겪을 수 있다. 최악의 경우 수명이 줄어들기도 한다. 불안하면 특정 행동 방식이 나타나고, 오랜 기간 불안에 시달리면 자신을 보는 방식과 세상에 자신을 드러내는 방식이 바뀌기 십상이다. 불안은 당신에게 '흉터'를 남긴다. 생각이 자기 충족 예언self-fulfilling prophecy(개인의 믿음이 행동에 영향을 미치고 결국 그 믿음대로 결과가 이뤄지는 현상—옮긴이)으로 나타날 가능성이 커진다. 스스로 사회적으로 괴상한 사람이라고 생각할수록 실제로 더 서툴러지기 마련이다. '걱정도 팔자'가 되면 더 걱정이 많아진다. 시간이 흐를수록 서서히 스스로 두려워했던 사람의 모습으로 변한다. 이야기책에 나오는 마법의 망토가 당신의 자유를 빼앗고 당신으로 변해버리는 것과 비슷하다.

망토는 처음에는 당신의 손과 발 위에 내려앉았다가 천천히 몸을 감싸고 완전히 휘감아버린다. 하지만 중요한 점은 그 안에 든 사람은 여전히 당신이라는 것이다. 세상에 당신만의 고유한 특성과 독특한 생각, 창의력을 발산하는 진정한 자아가 거기 들어 있다. 당신은 자기만의 방식으로 다른 사람을 웃기고 누구나 귀 기울여 들을 만한 말을 할 수 있다.

시간이 흐르면서 불안으로 가득한 특정한 생각이 마음에 스며들면 그만큼 쉽게 무기력해진다. 이런 증상을 고치려면 어떻게 해야 할까?

피하고 싶은 생각이 아니라 원하는 생각에 집중하자. 하기 싫은 생각(피하고 싶은 생각)을 참으려 하면 오히려 그 생각이 부메랑처럼 돌아온다. 예를 들어 5초 동안 스파게티가 가득한 접시를 생각하지 않으려고 해보자. 당신이 나와 비슷하다면 아마 못 할 것이다! 피하고 싶은 것을 생각하면 심상이 형성되기 때문이다. 그러면 원치 않는 것에 더 강하게 집중할 수밖에 없다. 너무 불안해하지 말자고 스스로 다짐할수록 자꾸 불안을 상상하고 느끼게 된다. 정신과 의사 카를 융Carl Jung은 이렇게 말했다. "저항할수록 끈질겨진다." 어떤 생각에 저항하면 그 생각이 당신을 더 강하게 옥죈다.

집중하고 싶은 대상을 정했으면 자기가 좋아하는 방식으로 생각을 실천에 옮겨보자. 나는 4만 5000자짜리 논문을 쓰면서, 노트북을 펼치고 글자를 들여다보는 행위 자체가 싫을 때가 있었다.

하지만 시간은 계속 흘렀고 마감이 시시각각 다가왔다. 해야 할 일을 생각할 때마다 온몸에 불편한 감각이 곤두섰다. 시간을 낭비하면 안 된다고 생각할수록 글쓰기가 더 어려워졌다. 그래서 접근법을 바꾸기로 했다. 원하는 것만 생각하는 것이다. 사람들이 정말 읽고 싶어 할 만한 흥미로운 논문을 쓰고 싶었다. 하지만 학술논문에 으레 쓰는 건조한 문체에 집착하면 불가능한 일이었다. 나는 내 논문이 소설처럼 읽히길 바랐다. 그래서 '될 대로 돼라!' 하는 심정으로 문체를 바꾸기로 했다. 그러자 처음으로 논문 쓰는 게 재미있어졌다. 효율성이 높아져서 하루 만에 한 챕터를 썼다. 가끔 옛날 사고방식이 두려움을 몰고 와서 다시 예전 스타일로 돌아갈 때도 있었다. 때로는 걱정도 됐다. '내 논문이 심사 위원의 마음에 들지 않으면 어떡하지? 학위를 못 받으면? 이런 방식이 실수는 아닐까?' 하지만 결국 어떻게든 밀어붙였고 기분이 좋았다. 내가 진심으로 좋아하는 방식이었기 때문이다.

자신이 원하는 것만 생각하고 좋아하는 방식으로 행동하면 무기력감을 줄일 수 있다. 이는 달성하려는 목표에만 집중하고 나머지를 내려놓는 강력한 기술이다. 예를 들어 해야 하는 운동이 아니라 좋아하는 운동을 하자. 달리기를 좋아하지 않으면 춤을 추는 식으로 말이다.

낙관주의는 어떻게 우리를 돕는가

원하지 않는 부정적인 생각과 씨름할 때, 기분을 전환하고 싶을 때 효과적인 또 다른 전략은 좀 더 낙관적으로 사고하는 것이다. 누구나 살면서 낙관주의자를 만난다. 주로 좋은 점을 보고 문제가 해결되리라고 희망을 품는 사람이 주변에 꼭 있다.[47] 이들은 긍정적인 면을 알아차리고 기억하는 경향이 있다. 내가 만났던 일레인이라는 여성도 전형적인 낙관주의자였다. 그는 장애물을 마주칠 때마다 기회로 인식했다. 우리가 일이 많다고 불평할 때, 일레인은 상사가 자기한테 많이 의지하고 신뢰한다는 칭찬으로 받아들였다. 우리가 이웃을 흉볼 때, 일레인은 이웃이 해주는 좋은 일을 언급했다. 우리가 떨어진 면접을 준비하느라 시간을 낭비했다고 불평할 때, 일레인은 뭔가 새로운 것을 배웠고 앞으로 도움이 될 만한 지식을 얻었다고 말했다.

일레인 같은 낙관주의자의 비결은 무엇일까? 이들에게는 심리학자가 말하는 '내적 통제 소재internal locus of control'(통제력이 내부에 있다고 믿는 관점—편집자)가 있으며 자신의 행동을 통해 적극적으로 삶을 꾸려나갈 수 있다고 믿는다.[47] 이런 태도가 무기력감을 완화해준다.

낙관주의자와 비관주의자는 실패에 관한 관점도 다르다. 비관주의자는 뭔가 실패하면 자기가 못나서 그렇다고 받아들이고, 이를 일반화하여 삶 전체에 절망을 드리운다. 예를 들어 실수를 저

즉시 기분을 바꿔드립니다

지르고 나서 이렇게 말한다. "세상은 역시 내 편이 아니야." 낙관주의자는 이런 일반화를 하지 않는다. 그 대신에 실수를 자신과 상관없는 일시적인 일로 받아들인다. 그리고 이렇게 말한다. "이번엔 전략이 별로였으니까 다음번에는 다른 방식을 시도해야겠어." 자신에게 가혹하지 않으므로 다시 도전할 의욕이 남아 있기에 가능한 일이다.

낙관주의자는 내적 통제 소재를 보유하고 자신이 주체라고 생각하므로 삶을 활기차게 문제 해결 위주로 접근하는 경향을 보인다.[48] 해야 할 일을 주시하고 행동에 돌입한다. 반면 비관주의자가 걸어가는 길은 망설임과 수동적인 태도로 오염되어 있다.

낙관주의자가 되면 전혀 다른 삶을 경험할 수 있을 뿐 아니라 건강에도 좋다. 에이즈 환자들을 연구한 결과 낙관적인 사람은 병의 진행 속도가 느렸다. 낙관주의와 질병의 진행 속도 사이에는 음의 상관관계가 존재하는 셈이다.[49] 만성질환자를 연구한 결과 비관주의자는 고통에 굴복하고 삶이 고통에 찌들도록 방치했다. 낙관적인 사람도 물론 고통을 느끼지만 그래도 할 일을 계속한다.[50] 물론 얼마나 해낼 수 있는지, 조금이라도 할 수 있는지 그 자체는 질병의 정도와 증상에 달려 있다. 하지만 문제를 바라보는 시각에 따라 제 나름의 방식대로 삶을 포기하지 않고 이어갈 수 있다. 그럴 때 낙관이 도움이 된다.

장기적인 대책 마련
낙관주의자가 되기 위한 다섯 가지 전략

읽는 시간: 10분

스스로 비관주의자라고 생각하거나, 주변에 당신을 좌절하게 하는 비관주의자가 가득하다면 어떻게 해야 할까? 좀 더 낙관적으로 생각할 수 있을까? 우리의 발목을 잡는 망설임을 극복하고 훨씬 수월하게 행동에 나서려면 어떻게 해야 할까?

1. 기분이 아니라 목표에 따르자

비관주의는 두려움, 불안과 관련 있다. 비관주의자는 기분에 좌우되고 우유부단하기 때문에 속도를 늦추고 급기야 멈춰버리곤 한다. 따라서 기분이 아니라 목표에 따라 행동하는 게 중요하다. 비관적인 기분이 들 때는 행동하기가 힘들다. 마음속으로 어떤 기분이 들든 인생에서 원하는 것이 있는 지점을 바라보고 거기에 맞춰 행동을 계획하자. 반대로 두려움과 불안에 따라 행동을 계획하면 망설이기 쉽고 결국 아무런 도움이 되지 않는다.

지금 느끼는 기분에 따라 행동하면 의욕이 생길 때까지, '적절한' 기분이 될 때까지 아무런 행동을 하지 않는다는 게 문제다. 실행에 옮기기 전에 내면에서 기운이 솟을 때까지 기다린다는 뜻이다.[51-53] 하지만 망설임의 원인이 되는 소심함과 기분을 극복하려

면 기분이 어떻든 목표 달성에 도움이 되는 행동을 해야 한다. 그러면 다시 일을 추진할 수 있고 희망과 낙관이라는 서광이 다시 비칠 것이다.

2. 질투 유발 요소를 줄이자

낙관적인 기분은 어떤 사람을 만나느냐에 따라 결정되기도 한다. 가끔 당신보다 성공한 것 같은 사람을 만날 때가 있다. 특별한 이유 없이 그들에게 화가 나면서 기분이 땅으로 곤두박질친다. 그 사람들이 왜 싫은지 정확히는 모르겠는데 아마 너무 완벽해서 신경을 건드리는 듯하다. 그들은 좋은 파트너를 찾았다거나 더 나은 직업, 더 좋은 집을 마련했을 수도 있다.

사람들은 자신이 개인적으로 원하는 것을 다른 사람이 가졌을 때 그들에게 부정적인 감정을 느낀다. '조금만 더 노력했다면, 좀 더 용기를 냈다면' 삶에서 더 많은 것을 이룰 수 있었다는 점을 타인 때문에 자각하곤 한다. 이런 생각이 당신을 고통스럽게 만든다.

이유가 무엇이든, 당신은 고통에서 벗어나려고 그 사람을 피한다. 그러지 말고 다른 전략을 쓰면 어떨까? 이런 시나리오를 당신에게 유리하게 활용해보자. 그들에게서 뭔가 배워보면 어떨까? 그들을 미워하기보다 더 많은 용기가 필요한 방법이다. 그 사람이 지금 당신의 삶에 나타난 이유가 있다고 생각하자. 지금과는 다른 결정을 내리고 실천하기에 너무 늦지 않았다는 의미이기도 하다.

즉시 기분을 바꿔드립니다

그 사람 때문에 절망하지 말고 그를 영감의 원천으로 활용하자. 이는 낙관적인 시각으로 삶의 밝은 면을 본다는 뜻이다.

3. 기분을 저조하게 만드는 사람과 보내는 시간을 최대한 줄이자

가끔 기분을 저조하게 만드는 사람을 만난다. 친구일 수도 있고 동료일 수도 있고 심지어 가족일 수도 있다. 새로 산 옷이 마음에 든다고 얘기하면 이런 답이 돌아온다. '코트를 또 샀어?' 이들은 조금씩 당신을 절망시키고 삶에서 뭔가를 시도할 필요가 없다고 느끼게 한다. 중간에 장애물이 너무 많기 때문이다. 그들은 현실을 일깨워주고 싶어서 이런 얘기를 한다고들 말한다.

이런 사람(당신의 날개를 잘라버리는 사람)과 보내는 시간을 줄이는 편이 웰빙에 도움이 된다. 감정은 전염되기 때문이다. 인생에서 문제와 장애물을 주로 보는 사람과 가까이 지내면 부정적인 영향을 받기 쉽다. 그러면 새로운 걸 시도하려는 의욕이 꺾여버린다.

4. 인간관계에 근본적인 질문을 던져보자

4번은 3번 내용과 밀접한 관련이 있다. 함께 시간을 보내는 사람이 낙관적인 사고를 방해하고 특정한 방식으로 우리에게 영향을 미치곤 한다. 함께하는 사람이 미묘하게 당신을 비판할 수도 있다. 말할 때 문법을 지적하거나 뭔가 잘 모를 때 비웃기도 한다. 당신은 그들과 함께하는 걸 좋아하지만 가끔은 꺼려진다. 이럴 때 상대가 원하는 대로 당신을 바꾸는 것은 최악의 대처법이다. 한 가지 '단점'을 고치고 나면 또 다른 문제가 나타날 테니…. 그리고 조금씩 조금씩 당신이라는 사람이 바뀌어간다. 이런 패턴은 자존감을 심각하게 훼손하고 낙관주의를 조금씩 갉아먹는다.

파트너나 친구가 당신의 낙관주의를 해치는지 알아보려면 스스로 이런 질문을 던져보자. 이 사람 곁에 있으면 기운이 나고 즐겁고 내가 매력적인 사람으로 느껴지는가? 아니면 자신이 부족하다는 생각이 드는가? 스스로 망가졌다는 느낌이 들면 본인을 탓하지 말고 당신을 이렇게 대접하는 상대를 탓해야 한다. 알고 지낼 가치가 있는 사람은 모든 사람의 존엄성을 인정하고 존중한다.

5. 활기찬 하루를 보내자

기분을 띄우고 기운을 북돋우는 무언가를 일상에 끼워 넣어야 한다. 예를 들어 샤워를 하거나 새로운 헤어스타일을 시도하거나 달리기를 해보자. 단순해 보여도 이렇게 사소한 행동 하나로 기분이 좋아지고 힘이 난다. 이런 행동을 밑천으로 삼아 자존감과 낙관주의로 가는 길을 닦을 수 있다.

이제, 당신의 차례다

길에서 만나는 평범한 사람에게 비관주의자가 되고 싶은지 낙관주의자가 되고 싶은지 물어보자. 답은 간단하다. 우리는 누구나 낙관주의자가 되고 싶어 한다. 사물의 긍정적인 면을 보고, 컵의 물이 절반이나 차 있다고 생각하는 쪽을 선호한다. 그런 사람이 되는 건 그리 어렵지 않다. 6장에서 읽은 전략을 시간 날 때마다 하나씩 실천하면 된다. 낙관주의는 훈련할 수 있다. 당신을 소중히 대하는 사람과 시간을 보내고 자신에게 관대해지면 자존감이 높아지고 낙관주의자가 되는 길로 이어진다.

7장

외로운가요?

행복한 관계를

맺는 법

지금 외로운가? 다른 사람들과 가까워지고 싶은가? 7장에서는 이런 문제를 해결할 수 있는 과학적 전략을 소개한다. 다른 렌즈를 통해 세상을 바라보고 외로움을 극복하며 더 나은 관계를 맺을 수 있는 전략이다.

 지금 당장, 응급처치

매일 낯선 사람 한 명에게 말을 걸어보자. 이웃이나 개를 산책시키는 사람, 테이크아웃 커피를 기다리는 사람 등 매일 마주치는 낯선 이에게 말을 건네보면 생각보다 훨씬 큰 효과를 볼 수 있다. 설사 모르는 사람이더라도 타인과의 대화는 응급 기분 치료제가 된다.ᐧ 또한 실험에 따르면 '외향적으로 행동'하라고 배운 사람은 더 긍정적인 기분을 느낀다고 한다.[54]

외로움의 과학

읽는 시간: 10분

외로움으로 고통받는 사람들이 많다. 2020년 이전에는 영국에서 다섯 명 가운데 한 명꼴로 외로움을 느꼈고 팬데믹이 발생하면서 상황이 더 나빠졌다.[55-57] 그런데 외로움이란 무엇일까? 외로움은 인간관계의 양과 질에 있어 당신이 원하는 수준과 실제 현실의 괴리에서 발생한다. 많은 사람에 둘러싸여 있어도 여전히 외로움을 느낄 수 있다. 결혼했거나 주변에 사람이 많은 사람도 외로움을 느끼는 이유다. 같은 이유로 친구가 한두 명에 불과하더라도 그들과의 유대가 견고해서 사회적 욕구가 채워진다면 외롭지 않을 가능성이 크다.

ᐧ 주로 동질성 집단에서만 대화를 나누는 한국 문화에서는 이런 주문이 상당히 어렵고 비현실적으로 느껴질 수 있다. 그러니 한국 독자들은 본인의 안전한 행동반경 안에서 얼굴만 알고 지내던 사람 한 명에게 인사를 해보거나 간단히 말을 걸어보는 식으로 시도해보기를 권한다. —안주연

즉시 기분을 바꿔드립니다

연구원 존 카시오포John Cacioppo에 따르면 외로움에서 오는 불편함은 굶주림, 갈증, 신체적 고통과 같다.[58] 인간은 사회적 동물이고 유대가 없으면 정신적, 육체적으로 무너진다. 만성적으로 외로운 사람은 일찍 죽을 위험이 크고 면역체계가 억제되기 쉽다.[59, 60]

외로운 어린 시절을 보낸 사람은 성인이 된 후에도 영향을 받는다. 연구에 따르면 어렸을 때 고독했던 아이는 청소년기에 허약한 경향이 나타난다. 또한 많은 시간을 혼자서 보냈거나 또래에게 인기가 없었던 아이는 어른이 되고 나서 건강이 좋지 않다는 연구 결과도 있다.[61] 외로움이 몸에 스트레스를 주고 만성 스트레스가 신체 건강을 악화하기 때문이다.

외로우면 왜 이렇게 마음이 아플까?

인간은 오랫동안 지나치게 외로운 상태로 아무런 대처를 하지 않으면 아프도록 타고났다. 그 원인은 진화에 있다. 인간의 조상은 혼자 너무 오래 있으면 위험해지기 마련이고 공격받을 가능성이 커졌다. 하지만 집단의 구성원이 되면 위험으로부터 보호받을 수 있다. 이렇게 주변 사람과 함께하면서 안심하고 싶은 기본적 본능은 변하지 않았다. 배고프면 음식을 구하고 목이 마르면 음료를 찾는 것처럼 외로우면 친구를 찾는 게 당연하다. 누구나 어딘가에 소속되고 싶은 욕구가 있으며 그 욕구가 충족되지 않으면 부작용이 나타난다.[61]

대화의 과학

다른 사람에게 말을 걸면 일상이 바뀐다. 시카고 대학교 연구원[62]들이 사람들에게 아침에 출근할 때 지나가는 사람과 거리를 두는 대신 말을 걸어보면 어떤 기분이 들 것 같은지 질문했다. 사람들은 대부분 그리 유쾌하지 않은 출근길이 될 거라고 예상했지만 실제 실험 결과는 그 반대였다. 참가자들에게 지나가는 사람과 무작위로 대화를 나눠보라고 했더니 지금껏 가장 기분 좋은 출근길이 되었다고 답했다.[62, 63]

이렇게 이야기를 하면 기분이 좋아지는데 왜 대부분 출퇴근할 때 고립되는 쪽을 선택할까? 이 실험을 진행한 연구원들에 따르면 우리가 '소통을 원하는 타인의 욕구를 과소평가'하기 때문이다. 우리는 버스를 타고 있든 열차를 타고 있든 어디에 있든지 타인이 침묵하고 있으면 소통을 원하지 않는다고 해석한다. 무관심으로 받아들이고 물러나는 것이다.[62, 63]

이 실험은 처음에 미국인들을 대상으로 진행됐지만 같은 실험을 영국에서 실시했을 때도 비슷한 결과가 나왔다. 이 실험을 진행한 수석 연구원 니컬러스 에플리Nicholas Epley는 "분석 결과, 영국인 참가자도 미국인처럼 낯선 사람과 대화하기를 좋아한다는 사실이 명확해졌다"라고 말했다.[64]

외로움이 사고방식에 미치는 영향

지나치게 오랫동안 외로우면 진화론적 생존 원리에 따라 위협을 느낀다. 우리는 위험을 경계하기 시작한다. 현대사회에서 위협은 정글에서 튀어나오는 적이나 동물이 아니다. 그것은 훨씬 미묘하다. 우리는 화상회의에서 누군가가 기분 나쁜 표정을 짓거나 애매한 사회적 상황에서 불확실한 기분이 들 때 위협을 느낀다. 외로울 때는 누군가가 무표정하기만 해도 부정적으로 해석하고 당신을 좋아하지 않는다고 생각하기 쉽다. 연구에 따르면 외로운 사람은 자기가 놓인 환경에서 사회적 위협에 대한 편견을 보이며 더 자주 거절당하리라 예상하고 자신과 주변 사람을 부정적으로 평가한다.[65]

외로운 사람은 밤에 자고 일어났을 때도 기분이 상쾌하지 않은 편이다. 분명히 적당한 시간 동안 눈을 붙였는데도 마찬가지다.[58] 결국 다음 날 에너지가 감소되고, 사회적으로 고립되는 고통을 더 견디기 어려워지는, 악순환에 빠지게 된다.[58]

외로움이 어떤 영향을 미치는지 완전히 이해하는 것이 중요하다. 그래야 우리 삶을 바꾸는 깨달음을 얻을 수 있기 때문이다. 외로움은 결코 하찮지 않나. 친구를 사귀는 것도 단순히 부차적인 선택이 아니다. 건강과 행복을 위해 꼭 필요한 일이다.

사회적 삶에 만족하지 못하면 나 자신에게 이로운 일을 하려는 노력도 줄어든다. 그 이유는 뭘까? 이 모든 게 자제력과 자기조절 self-regulation로 이어지기 때문이다.[66]

외로움과 자기조절

외로울 때는 자기조절능력이 감소한다. 자제력이 줄어들다 보니 건강한 식단을 지키는 대신 해로운 음식을 더 자주 먹고, 어려운 과제에 맞닥뜨리면 더 빨리 포기하는 경향이 있다.[66]

미국 연구원들이 실험을 통해 이 가설을 시험했다. 다른 사람에게 거절당하면 우리가 행동하는 방식이 영향을 받을까? 연구원들은 대학생 참가자를 모집하여 그들끼리 어울리면서 서로 이름을 외우라고 했다. 20분이 지난 뒤 누가 누구를 좋아하느냐에 따라 그룹을 나눴다. 함께 실험하고 싶어 했던 사람은 같은 그룹에 들어갔다.

잠시 서로 인사하고 친해지고 난 다음 학생들은 함께 실험하고 싶은 두 사람의 이름을 적었다. 그리고 다시 참가자 그룹을 나눴다. 이번에는 참가자의 선호나 '누가 누구를 좋아하는가'를 기준으로 하지 않았다. 그냥 무작위였다. 연구원들은 일부 학생에게 이렇게 말했다. "축하해요. 다들 당신을 함께 실험하고 싶은 사람으로 꼽았어요. 하지만 그룹에 다섯 명(혹은 네 명, 여섯 명)을 넣을 수는 없어서 다음 실험은 당신 혼자 해야 해요." 그리고 일부 학생에게는 이렇게 말했다. "이런 말을 해서 미안하지만 함께 실험하고 싶은 사람으로 아무도 당신을 꼽지 않았어요. 그러니 다음 실험은 혼자 해야 해요."

그러고 나서 연구원들은 학생들에게 실험 과제를 나눠주고 가까운 곳에 쿠키가 든 그릇을 놓아뒀다. 다른 사람에게 거절당했다는 말을 들은 학생(아무도 함께하고 싶어 하지 않은 학생)은 인정받았다고 느낀 학생보다 거의 두 배나 더 많은 쿠키를 먹었다. '거절당한' 학생은 쿠키를 많이 먹었을 뿐 아니라 더 맛있다고 생각했다.[66]

왜 이런 현상이 나타날까? 거절당했다는 느낌이 들 때 자기조절을 하기 힘들어진다는 이론이 있다. 운동을 쉽게 건너뛰는가 하면 술을 계속 마시게 된다. 이렇게 조금씩 '포기'해버린다. 인정받았다고 느낀 학생은 쿠키를 적게 먹을 뿐만 아니라 쿠키 맛에 덜 사로잡히는 경향을 보였다. 하지만 거절당한 학생은 '허기진다'고 느꼈다. 그들은 소통에 목말랐고 누군가에게 자신이 필요하다는 느낌을 받고 싶어 했다. 우리는 다른 사람에게서 편안함을 느끼지 못할 때 주변에서 음식이나 술, 휴대폰 등 허기를 채울 대상을 물색한다.

그렇다면 외로울 때 우리는 자제할 능력이 아예 없어져서 군것질거리에 과하게 집착하거나 나쁜 습관에 빠져드는 걸까? 외로움

친구를 사귀는 것도
단순히 부차적인 선택이 아니다.
건강을 위해
꼭 필요한 일이다.

이 뇌에 영구적인 스위치 같은 걸 삽입해서 자제력을 마비시키는 걸까? 다른 요인이 작용하지는 않을까? 연구에 따르면[66] 사람들은 외롭다고 해도 대부분 실제로 자제력이 없어지지는 않다. 자제할 의지가 약해질 뿐이다. 충분히 자제할 수 있지만 그럴 만한 동기가 부족해지는 셈이다.

앞서 언급한 실험에서 거절당했다고 느낀 참가자는 자제하기 힘들어하며 몸에 좋지 않은 쿠키를 더 많이 먹었다. 그러자 연구원들은 보상을 곁들이면 결과가 달라질지 알고 싶었다. 결과는 '그렇다'였다. 같은 연구원들이 진행한 다른 실험에서 현금 보상을 내걸었더니 참가자들은 자제력을 발휘했다. 여기에는 중요한 의미가 있다. 우리가 인지하고 있을 때, 상황을 바로잡으려는 노력을 할 수 있다는 뜻이기 때문이다.

외로울 때는 세상이 다르게 보인다

사람들은 외로울 때 왜 외로운지, 왜 아무도 나와 얘기하려 하지 않는지 자문한다. 이때 자신에게 하는 대답이 기분과 행동에 큰 영향을 미친다. 그 대답에 따라 외로움을 극복하기 위해 노력할지 아니면 이대로 머무를지 결정하기 때문이다.[67]

내가 왜 외로운지 생각한 끝에 밖에 별로 나가지 않아서 그렇다는 답이 나오면 그 자체가 동기부여가 될 수 있다. 그것이 상황을 해결하려는 의지를 키워준다. 문제를 내가 통제할 수 있는 대상으로 보기 시작한다. 연구에 따르면 자신의 능력에 따라 새로운 관계를 형성할 수 있다고 생각하는 사람은 사회성이 높고 덜 외로운 경향을 보였다. 그 이유는 단순하다. 상황이 내가 통제할 수 있는 범위 안에 있다고 보는 사람은 행동으로 결과를 바꿀 수 있다고 생각하기 때문이다.

반면 타인의 호감이나 인생의 행운 등 자신이 통제할 수 없는 이유로 외롭다고 생각하는 사람은 아무것도 바꾸기 힘들다. 스스로 괴상한 사람이고 뭘 하든 사람들이 싫어한다고 믿으면 자신에게 통제력이 없다는 인식이 굳어진다. 당신은 무엇인가 '잘못됐기' 때문이다.

과학적인 근거를 종합했을 때 결국 외로움은 자신의 관점에 따라 결정된다. 그리고 인식은 스스로 바꿀 수 있다. 그러려면 어떻게 해야 할지 살펴보자.

장기적인 대책 마련
외로움을 극복하는 다섯 가지 전략

읽는 시간: 10분

1. 나라는 사람보다는 내가 하는 일에 집중하자

외로움을 극복하고 싶다면 인식의 힘을 깨달아야 한다. 아무도 나

즉시 기분을 바꿔드립니다

와 함께하려 하지 않는 이유를 자꾸 생각하거나 '나는 이상한 사람이야'라고 계속 얘기하면 정신적 장막mental block이 생긴다. 이런 상황이 벌어진 원인이 자신에게 있다고 여기기 때문에 무의식적으로 내가 할 수 있는 일은 하나도 없다, 이제 다 '틀렸다'라고 되뇌게 된다.

그러지 말고 지금 하는 일에 집중하자. 상황을 개선하려고 하는 일, 외로움을 극복하려는 노력(예를 들어 오늘 몇 명이나 만났는지 생각하기, 동호회나 온라인 커뮤니티 등 새로운 그룹에 가입하기 등)에 관심을 돌리자. 연구에 따르면 외로움을 이기려고 자신이 어떤 일을 하는지 정리하고 들여다보는 사람은 자신을 추스르고 계속 노력한다고 한다.

이런 활동이 왜 힘이 될까? 자신에 대한 부정적 인식을 내려놓고 행동에 집중할 수 있기 때문이다. 틀에 박힌 현재 생활에서 벗어나서 다른 사람들과 다시 가까워질 수 있다.

2. 사람들은 모두 제각각이라는 사실을 받아들이자

외로움을 극복하는 또 다른 방법은 어떤 상황이든 다들 다르게 반응한다는 사실을 깨닫는 것이다. 인맥을 쌓으려면 사람들의 반응이 지금도, 앞으로도 다를 수 있음을 인정해야 한다. 좋은 소식을 전해도 당신처럼 기뻐하지 않는 사람도 있고, 예전에 도와준 사람이 보답하지 않을 때도 있다. 사람들의 반응은 예측할 수 없으며 그것을 기분 나쁘지 않게 받아들이는 법을 배워야 한다. 내가 친절하게 대해도 표정이 좋지 않거나 무뚝뚝하게 반응하는 사람에게 휩쓸리지 않아야 독립심이 강해진다. 이런 독립심이야말로 다른 사람이 당신에게 매력을 느끼는 중요한 요소로 작용할 때가 많다.

흔히 친구를 사귀고 싶으면 사람들에게 질문하고 관심을 보이라고들 한다. 이런 행동이 좋은 시작점이 될 수 있다. 하지만 상대가 시큰둥하게 반응하면 어떻게 해야 할까? 그럴 때면 의욕이 꺾이기 쉽다. 따라서 타인의 반응을 예측하기 힘들다는 사실을 받아들이고 이런 측면을 참고 견뎌야 한다.

3. 말하는 방식이 아니라 듣는 방식을 바꾸자

우리는 다른 사람의 말을 들으면서 뭐라고 대답할지 생각할 때가 많다. 그러면 상대의 말을 온전히 듣고 받아들이기 힘들어진다. 결국 상대에게 '경청한다'는 느낌을 주지 못하고 서로 진솔하게 알아가기도 힘들어진다. 관계를 개선하고 더 끈끈한 유대를 형성하고 싶으면 대답하기 위해서가 아니라 이해하고 싶다는 마음으로 귀를 기울이자. 이해하기 위해 경청하면 관계가 바뀌고 상대에게 집중한다는 느낌을 줄 수 있다. 내 생각을 버리고 타인의 말에 온전히 집중하면 상대는 이해받고 있다고 느낀다. 그러면 유대감이 강해지고 더 가까워졌다고 생각할 것이다.

4. 초점을 바꾸자

얼마나 외로운지 깊이 생각할수록 기분만 더 나빠진다. 이럴 때는 초점을 바꾸는 편이 좋다. 당신이 아니라 지금 씨름하는 문제에 집중하고 다른 사람에게 초점을 옮겨보자. 예를 들어 자원봉사를 하거나 이웃 또는 친구에게 요리를 해주는 등 다른 사람을 위해 할 수 있는 일을 생각하자. 일과 중에 시간을 내서 다른 사람에게 헌신하면 두 가지 변화가 생긴다. 첫 번째, 지금 나를 괴롭히는 문제에서 벗어나고 외로움으로 인한 고통이 진정된다. 두 번째, 내가 다른 사람들을 위해 어떤 변화를 일으킬 수 있는지 느끼게 된다. 이는 웰빙에도 긍정적으로 작용한다.

5. 혼자서 기분 좋아지는 법을 연습하자

주변에 더 많은 사람을 두는 것만이 외로움을 해소하는 해결책은 아니다. 사람이 주변에 있으면 기분이 좋지만 그것만으로 부족할 때가 있다. 예를 들어 파티나 모임에 참석하는 동안 즐거웠더라도 집에 돌아오는 순간 기분이 곤두박질치기도 한다. 아무도 없고 주위가 온통 고요할 때, 혼자 있을 때도 기분이 좋아지는 법을 배워야 한다.

이제, 당신의 차례다

외로움을 견디기가 쉽지는 않지만 극복할 방법은 있다. '난 왜 이렇게 외로울까?' '왜 사람들은 나를 좋아하지 않을까?' 이런 질문을 내려놓는 것부터 시작하자. 나 자신을 향한 질문, 스스로에게 하는 말은 힘이 세다. 그것은 당신의 자존감과 자신을 바라보는 관점을 형성한다. 당신이 외로움을 극복하고 싶다면 나라는 사람보다는 내가 하는 일에 초점을 맞춰야 한다. 새로운 사람을 만나기 위해 실제로 행동하고, 다른 사람에게 마음을 여는 위험을 감수하고, 힘들더라도 그 사람에게 다가가서 인사하면 희망이 생길 것이다. 그래야 외로움을 극복하고 회복할 수 있다.

8장

거절당했나요?

아픈 마음을

어루만지는 법

이별하거나 이혼하는 과정을 거치면서 상처받은 마음을 어떻게 달래야 할지 고민하고 있는가? 급히 활용할 전략이 필요하다면 144쪽에 나오는 '지금 당장, 응급처치'를 확인하기 바란다. 그다음에는 마음의 상처에 어떤 심리학이 작용하는지 살펴본다. 스스로 이별을 어떻게 해석하느냐에 따라 자존감을 높일 수도 있고 자기혐오에 빠질 수도 있다. 마지막으로 마음의 상처를 극복하고 미래를 바라보며 다시 한번 새로운 가능성을 느끼는 데 도움이 되는 다섯 가지 전략을 소개한다.

지금 당장, 응급처치

누군가에게 전화를 걸어 이별과 상관없는 이야기를 한다. 힘들 때 고통에서 벗어나려면 다른 활동을 해야 한다. 하지만 아무 일이나 하라는 뜻은 아니다. 누군가에게 전화해서 이별과 상관없는 얘기를 하면 기분을 금방 띄울 수 있다. 대화에 집중할 수밖에 없기 때문이다. 그들이 이야기하는 것이 요리, 자신의 조카, 영화 등 무엇이든 상대의 말에 반응하려면 집중해서 들어야 한다. 그러면 정신을 다른 데로 돌릴 수 있다.

뭐든 일을 진행한다. 30분 만이라도 부엌을 정돈하거나 업무 프로젝트를 진행해보자. 기분이 저조해서 아무것도 하기 싫더라도 뭔가 일단 시작하면 발전한다는 느낌이 들고 관점을 전환하는 데 도움이 된다. 문제를 더욱 명확하게 바라볼 수 있다.

이불을 세탁한다. 이불을 빨면 처음부터 시작하는 기분이 든다. 깨끗한 이불이 덮인 침대에 쏙 들어간 순간의 청결하고 상쾌한 느낌은 최고다. 깨끗한 침대가 문제를 해결해주지는 않지만 이렇게 자신을 돌보는 사소한 행위 덕분에 한결 긍정적인 느낌을 받을 수 있다. 자존감에 상처를 입은 시기에는 이런 전환이 중요하다.

즉시 기분을 바꿔드립니다

아픈 마음의 심리학

읽는 시간: 10분

이별이나 이혼은 인생에서 가장 힘든 일이고 기분이 엉망이 되는 건 당연하다. 거절당한 쪽에 가깝든 당신이 먼저 헤어지자고 했든, 이별은 불안과 우울뿐만 아니라 과음 같은 자기파괴 행위로 이어지기 쉽다.

이별 후에 얼마나 고통스러울지는 몇 가지 요소에 달려 있다. 상대와 함께하기 위해 처음에 얼마나 노력했는지, '그 사람을 쟁취하려고' 얼마나 애썼는지, 서로 감정이 얼마나 깊었는지에 따라 고통스러운 정도가 달라진다. 그 관계를 위해 많이 노력했고 서로 유대가 깊을수록 내려놓기가 힘들다.[68]

원래 헤어지는 건 견디기 힘든 일이지만, 그 마지막을 자신이 어떻게 이해하느냐가 정신 건강에 커다란 영향을 미친다. 자존감이 높아질 수도 있고 자기혐오에 빠질 수도 있다.

하버드 대학교 연구원들[69]은 이혼한 여성들을 연구한 결과, 이 여성들이 둘 중 하나의 방식으로 자신의 결별을 바라본다는 사실을 파악했다.

사람 귀인: 당신 아니면 내 잘못

일부 여성은 파경의 원인을 '사람 귀인person attribution' 개념으로 설

이별이나 이혼을
스스로 어떻게 이해하느냐가
결과적으로 중요하다.

명했다. 예를 들어 문제를 상대방의 탓으로 돌리고 상황을 일방적으로 인식한다. 하지만 자신과 자기 '결점'만 인식하는 것도 좋은 생각은 아니다. 이별의 책임을 파트너나 자신에게 돌리면 자기 비난이나 분노로 이어지고 자존감을 해치기 쉽다. 그 일에 대해 당신이 할 수 있는 건 아무것도 없다고 느끼기 때문이다.

상호 귀인

같은 연구에서 다른 일부 여성들은 이혼의 원인을 다르게 설명했다. '상호 귀인interactive attribution'을 인식한 것이다.[69] 이들은 결혼 생활에서 발생하는 문제가 어느 한쪽의 문제만은 아니라는 사실을 깨달았다. 이들은 파트너와의 상호작용을 들여다봤다. 의사소통이나 친밀함이 부족했거나 생활 방식이나 가치관이 변하는 것과 같은 문제로 헤어졌다고 생각했다.

이별을 '상호 귀인'으로 설명하는 건 한층 복잡할뿐더러 단순히 자신이나 상대를 비난할 때보다 더 많이 생각해야 한다. 상호작용이 어떻게 문제로 이어졌는지 생각하는 것은 현실적이고 도움이 될 때가 많으며, 그러고 나면 자신을 적절하게 통제하고 있다는 느낌을 받을 수 있다.

가끔 두 사람이 세상을 바라보는 시각이나 소통 방식이 어긋나면 문제가 생긴다. 하버드 연구원에 따르면 상호 귀인을 적용하는 여성은 예전 파트너를 비난한 여성보다 자존감이 높은 경향이 나타났다. 계속 이 여성들을 관찰했을 때, 상호 귀인을 활용하는 여성은 다른 사람보다 훨씬 행복했고 예전 파트너를 긍정적으로 바라봤다.

관계에서 뭔가 문제가 생겼을 때 상대 탓이라고 생각하는 편이 더 '쉽게' 느껴진다. 상황을 이해하고 타당하게 받아들이기 위해 뇌가 힘들게 일할 필요가 없기 때문이다. 다만 이런 사고방식이 그 순간에는 편할지 몰라도 장기적으로는 해롭다. 계속 파트너를 비난하는 사람은 이별 후에 더 슬퍼하는 경향이 있었고 덜 긍정적이었다.[70] 반면 문제의 원인을 해결하려 노력하고 왜 두 사람이 소통이 잘 안 되는지 생각하면 상황을 더 명확하게 보고 고통도 줄일 수 있다.

이별 후에 성장하기

이별과 이혼은 우리에게 깊이 영향을 미치고 자존감을 해친다. 하지만 회복할 방법이 있다.[71] 심리학에는 '외상 후 성장post-traumatic growth'이라는 개념이 존재한다(9장 참고). 힘든 상황을 겪을 때는 당연히 기분이 곤두박질치고 고통스럽다. 하지만 어떻게든 견디면 성장할 수 있다. 암이나 사고 등 힘겨운 시기를 거치면서 이렇게 외상 후 성장을 경험한 사람들의 사례는 수없이 많다. 이런 말도 있지 않은가. "시련은 사람을 더 강하게 만든다."

이는 이별에도 적용된다. 노래나 영화는 이별을 비극으로 묘사하는 경향이 있다. 하지만 이별처럼 힘든 상황을 발판으로 예전과 다른 삶, 어쩌면 더 의미 있는 삶을 살아갈 수 있다는 사실은 잘 다루지 않는다.

이별은 독립심을 키우고 자신을 재발견하는 기회가 될 수 있다. 좋지 않은 관계에 갇혀서 성장하지 못했을 때 특히 그렇다.[72] 지금 고통스러운 관계에 갇혀 있고 행복한 순간이 극히 드물어서 관계를 끝내려고 고민한다면 몇 가지 고려해볼 사항이 있다.

- 일반적으로 이별 얘기를 먼저 꺼내는 사람이 덜 힘들다고 한다.[68] 따라서 누군가가 당신을 이용하거나 당신의 감정에 반응해주지 않는다면, 상대가 행동하기 전에 먼저 끝내는 게 쉬울 수 있다.

- 이혼을 진행하면서 과연 잘할 수 있을지, 이 모든 게 무슨 의미가 있는지 걱정되는가? 연구 결과에 따르면 결혼 생활을 하는 동안 남자가 더 행복한 편이지만 이혼하고 나서 더 괴로워하는 쪽도 남자라고 한다. 새로 싱글이 된 수많은 여성들에게 희망적인 얘기다. 다시 혼자가 되는 것을 두려워할 필요 없다. 오히려 당신 앞에 새로운 길이 펼쳐질 것이다.

내 옆집에 사는 이웃은 결혼한 지 20년 됐다. 어느 날 불현듯 남

편이 아내와 두 10대 자녀를 떠나 훨씬 젊은 여자와 살겠다고 했고 이웃은 큰 충격을 받았다. 20년 동안 남편이 혼자 가족을 부양했기 때문에 직업도 없는 상태였고 혼자 새롭게 삶을 시작하기도 누려웠다. 2년 후 나는 그 이웃과 마주쳤다. 유행하는 운동복을 입고 한 손에는 물병을 든 채 친구와 파워워킹을 하고 있었다. 잠깐 멈춰서 대화하면서 그가 자신을 잘 통제하고 있다는 느낌을 받았다. 그가 자기 삶을 책임지는 모습을 본 건 처음이었다. 그는 전남편과 달리 자신을 소중하게 여기는 새 파트너를 찾았고 예전보다 더 행복해졌다.[71]

사랑과 상처의 과학

사랑에 빠지면 우리 몸은 도파민(아찔한 기분과 도취감을 느끼게 하는 보상 호르몬)과 노르에피네프린(초롱초롱한 정신과 활기찬 기분을 느끼게 하는 화학물질)처럼 기분을 띄우는 화학물질을 분비한다.[73-75] 사랑에 빠지면 기분을 조절하는 신경전달물질인 세로토닌 수치가 사랑에 빠지지 않은 사람보다 낮아지는 경향을 보인다.[76] 그런데 흥미롭게도 강박장애에 시달릴 때도 세로토닌 수치가 떨어진다. 사랑에 빠지면 상대에게 집착하고 질투와 불안이 심해지는 이유가 여기 있을 것이다.[77]

뉴욕 스토니브룩 대학교의 연구에 따르면 거절당했을 때는 약물중독이나 탐닉과 연관된 뇌 영역이 자극된다. 따라서 당신을 거절하는 사람에게 깊이 빠지면 종종 중독된 느낌을 받을 수 있다. 상대방을 자꾸 원하게 되고 생각이 멈추지 않는다.

이별하면 도파민 같은 기분 좋은 화학물질이 잦아들고 뇌가 '침잠' 상태에 접어든다.[79] 이별은 기분을 가라앉힌다. 따라서 기분을 다시 띄우고 기쁨과 목적의식을 얻을 수 있는 일을 찾아야 한다.

장기적인 대책 마련
아픈 마음을 극복하는 다섯 가지 전략

읽는 시간: 10분

아픈 마음을 극복하고 목적의식을 되찾는 다섯 가지 전략을 소개한다.

1. '세 가지 이점'을 계속 떠올리자

이별 후에 성장하고 싶다면 현재 상황에서 혹은 그 사람과 함께하면서 얻게 된 이점 세 가지를 생각해보자. 예를 들어 다음 파트너가 어떤 사람이면 좋겠는지 더 좋은 판단의 기준을 갖게 되었다거나 앞으로 맺을 관계에서 자기 자신을 다스리는 법을 배웠을 수 있다. 그저 실컷 울고 싶기만 하고 '세 가지 이점'을 떠올린다는 게 우스꽝스러워 보여도 한번 시도해보자. 긍정적인 면을 탐

인생의 긍정적인 면에
초점을 맞추면
긍정적인 감정이 솟아난다.

색하면서 고통스러운 상황에서도 얻은 것이 있다고 생각하면 정신 건강과 웰빙에 훨씬 이롭다.[80] 이별에서 의미를 찾으려고 하면 회복하는 데도 도움이 된다. 이별이 우선순위를 명확히 하고 더 의미 있는 삶을 찾는 원동력이 되기도 한다. '세 가지 이점'을 생각하면서 긍정적인 감정을 키울 수도 있다. 그러니 세 가지 좋은 점을 적은 다음 큰 소리로 읽어보자. 자유롭게 자아를 탐색하고 깊은 생각을 표현할 수 있는 장소에서 말이다(예를 들어 혼자 쓸 수 있는 방).[72]

2. 파트너에게 원하는 자질을 나부터 키워보자

이별은 삶에서 당신이 원하는 것, 특히 다음 파트너에게 원하는 것을 되돌아보는 계기로 작용한다. 그 결과 스스로를 더 잘 이해할 수 있다.

이별 통보를 당했던 제니가 나에게 이런 메일을 보냈다.

요즘 깨달은 게 있어요. 이 모든 사달을 겪고 나니 근본적으로 저는 제대로 된 남자를 못 만나는 게 아닐까 싶었거든요. 아직 좋은 여자가 못 됐으니까요. 예전에는 왜 남자들이 저를 좋아하지 않는지 궁금했어요. 저에게 어디 문제가 있나 싶고 남자들이 한심하게 보였어요. 하지만 생각해보니 제가 저한테 없는 걸 남자들에게 원하더라고요. 마크를 좋아한 건 체계적인 생활 습관 때문이었어요(저에게 부족한 부분이죠). 토머스를 좋아했던 이유는 일에 열정적이면서도 일 외에 다른 관심사가 많은 게 좋아 보였기 때문이고요(제가 놓치며 사는 부분이에요). 제가 갖고 싶은 게 아직 저한테 없거나 놓치고 있으니, 그걸 남자한테 바라는 거예요. 하지만 저 스스로가 제가 만나고 싶고 함께하고 싶은 사람이 되면 행복해질 수 있겠다는 생각이 들어요.

제가 행복해지면 저를 사랑해줄 사람이나 파트너를 공략하기가 쉬워져요. 인생에서 바닥을 쳤다가 다시 삶을 일으킨 사람들 얘기를 많이 하잖아요? 담배를 끊고, 직장을 구하고, 성격이 활발해지고, 결국 사랑을 찾는 사람들 얘기요. 바닥을 쳤다가 알코올의존자가 되고 나서 사랑을 얻는 사람 얘기 같은 건 없어요. 그런 일은 생기지 않으니까요. 전 진정한 자아와 삶의 의미를 찾으면 사랑도 찾을 수 있다고 믿어요.

3. 관계의 덧없음을 받아들이자

우리를 행복하게 해주는 뭔가가 생기면 우리는 거기 집착하고 놓치지 않으려 한다. 그러면 고통스러워진다. 모든 것은 변하기 마련이고, 한순간 행복하게 해준 존재가 있다고 해도 집착해선 안 된다. 옛날에 사람들과 함께했던 좋은 시간이 다시 돌아오길 바라서

도 안 된다. 사랑을 기쁘게 누리고 때가 되면 놓아줄 줄도 알아야 한다. 경험을 피와 살이자 앞으로 나아가는 원동력으로 삼아야 한다. 일단 내려놔야 뭔가 다른 경험을 할 수 있다.

4. 친구를 만나자

기분이 바닥을 쳤을 때 친구를 만나거나 전화하는 것도 좋은 방법이다. 사회적 교류는 정신 건강을 덮친 스트레스의 충격을 완화해준다. 하버드 대학교 연구에 따르면 다른 이와 끈끈한 관계를 맺고 있는 사람은 인생이 행복한 경향이 있다.[83] 친구를 만난다고 마음의 상처가 사라지진 않겠지만 기분은 나아진다.

5. 자비를 효과적인 전략으로 활용하자

마지막으로 강조하고 싶은 전략은 자비다. 책에서 흔히 다루지도, 소셜미디어에서 별로 주목하지도 않지만 자비는 중요한 개념이다. 자비는 당신에게 잘못한 사람을 향해 내미는 화해의 손길이다. 그 사람을 벌할 권리가 얼마든지 있다고 해도, 당신은 그러지 않기를 선택할 수 있다. 상대는 어쩌면 지금 많이 약해졌을지도 모른다. 과거의 잘못을 뉘우치고 있다면 발로 걷어차기보다는 용서해주자.

자비로운 태도로 사람들을 용서하면 스스로 통제감을 느낄 수 있다. 다른 사람이 한 실수를 봐주면 내가 한 잘못도 용서받을 것 같은 느낌이 든다. 일을 망쳤다는 생각이 들어도 자신에게 덜 가혹해진다. 또한 이런 태도로 관계를 마무리할 수 있다.

보통 헤어지면 '끝맺음'을 잘해야 다음 단계로 나아갈 수 있다고들 한다. 왜 우리 관계가 끝났는지, 어떻게 하면 지금보다 나았을지 직접 대화하는 것도 끝맺음이다. 하지만 이런 방법을 쓰면 어색해지기 쉽다. 예전 파트너와 직접 만나더라도 당신이 원하는 대답을 못 들을 수 있다. 끝맺는다고 해서 꼭 상대와 상호작용을 할 필요는 없다. 혼자 집에서, 당신과 당신의 생각만 있으면 충분하다. 끝맺음은 상대가 당신에게 상처를 줬다는 사실을 인정하고 그들을 용서하는 일이다.

여행하다 만난 승려가 이렇게 말했다. "용서한다고 해서 잊어야 한다는 뜻은 아니다." 잊으면 안 된다. 과거의 교훈을 미래에 적용하여 개선해야 하기 때문이다. 우리가 용서하는 이유는 내면의 평화를 얻기 위해서다.

이제, 당신의 차례다

이별과 이혼을 헤쳐 나가기는 쉽지 않지만, 어떤 시각으로 바라보고 고통에 대처하느냐에 따라 회복이 쉬워지기도 한다. (이상하게 들리겠지만) 이별하면서 배운 것에 집중하고, 이런 일이 생겨서 어떤 면이 좋았는지 생각하면 미래를 바라보는 시각이 달라진다. 새로운 기준틀이 생기기 때문이다. 자기파괴적인 일보다 유익한 일을 하고 자비로운 태도로 세상을 대할 때 비로소 과거의 사건에서 벗어나 나아갈 수 있다. 그러면 어둠 속에서 밝은 빛 한 줄기가 보일 것이다.

즉시 기분을 바꿔드립니다

긍정적인 감정을 느끼게 하는 것들을 접하자

긍정적인 감정은 여러모로 중요하다. 좋은 감정을 느끼면 그저 기분이 좋아질 뿐이라고 생각하지만 이런 결과는 빙산의 일각이다. 기쁨 같은 긍정적인 감정을 활발하게 탐색하고 경험하고 나면 더욱 능숙해진다. 새로운 책을 읽거나 새로운 등산 경로를 찾는 등 호기심을 자극하는 상황에서 또 다른 가능성을 느끼기도 한다. 이별하거나 이혼했을 때는 바로 이런 게 필요하다. 마음을 열고 새로운 경험을 받아들이면 긍정적인 감정을 키우고 부정적인 기분에도 대처할 수 있다.[81, 82]

긍정적 감정을 고양하는 것이야말로 부정적 감정을 효과적으로 해결하는 방법이다.[82] 긍정적인 기분에는 **원상복구 효과**undoing effect가 있다. 기분이 좋지 않을 때 뭔가 기운 나는 걸 보면 빠르게 회복할 수 있다. 긍정적인 감정은 내공을 쌓는 데도 도움이 된다. 더 강해지고, 살다 보면 또다시 찾아올 고난에 대비하는 힘이 생긴다. 예를 들어보자. 한 연구에서 참가자들은 무서운 영화를 보고 나서 만족감이나 즐거움을 느끼게 해주는 영상을 보면 아까 느꼈던 두려움을 빨리 극복했다. 하지만 공포심을 자극하는 영화를 본 다음 **별다른 감정을 유발하지 않는** 영상을 보면 공포를 잊는 데 오랜 시간이 걸렸다.[82] 이렇게 단순한 실험에서 보여주듯이 긍정적인 감정을 경험하면 나쁜 기분을 원래대로 복구할 수 있다. 또한 웰빙에도 무척 좋은 영향을 미친다.

9장

무기력한가요?

성장의 계기를

찾아내는 법

지금 누군가에게 도움을 청하고 싶다면 이번 챕터가 꼭 힘이 됐으면 한다. 나는 경제적으로 어렵거나, 상실감에 빠졌거나, 심각한 병으로 고통받는 이들을 생각하면서 이번 챕터를 썼다.

힘든 시기를 보낼 때 우리는 압박감에 무너지곤 한다. 팬데믹이 우리를 덮친 것처럼, 가끔 스스로 감당하거나 통제할 수 있는 범위를 넘어선 일이 생길 때가 있다. 잡지사에서 팬데믹이 웰빙에 미친 영향을 고려해 '외상 후 성장'에 관해 글을 써달라는 요청을 받은 적이 있다. 그때 답을 고민하는 과정에서 발견한 몇 가지 핵심 원칙을 여러분과 나누고 싶다.

먼저 9장의 초반부에서는 긴급한 상황에 활용할 수 있고 과학적으로 검증된 방식을 소개한다. 위기가 닥쳤을 때 곧바로 도움이 될 것이다. 두 번째, 힘든 시기를 겪으면서 오히려 내면의 발판을 다지고 삶을 새롭게 이해할 방법을 살펴본다. 전 세계에서 진행된 수백 건의 연구에서 이를 뒷받침하는 근거를 내놓았다. 마지막으로, 살면서 가장 험난한 상황에 부딪혔을 때 쓸 수 있는 다섯 가지 장기 전략을 다룬다.

 ## 지금 당장, 응급처치

시련을 바라보는 관점을 바꿔라. 얼핏 말도 안 되는 것처럼 들리겠지만, 차질이 생겼을 때 얻을 수 있는 세 가지 이점을 생각해보자. 어떤 상황을 좋은 점 위주로 생각하면 상황 자체가 다르게 보이고 대처할 수 있다는 자신감이 붙는다. 사실 심각한 차질이 삶의 궤도를 바꾸기도 한다. 업무상 변화로 이직을 하거나 해외로 이동할 기회가 생기는 식으로 말이다. 그러면 예전에 당연하게 생각했던 사소한 일상(예를 들어 가족과 함께하는 저녁 식사)을 더 즐기게 될 것이다.

즉시 기분을 바꿔드립니다

외상 후 성장의 과학

읽는 시간: 10분

우리는 중요한 것이나 소중한 사람을 잃거나 끔찍한 소식을 들으면 부정적인 측면에 집중하는 경향이 있다. 이 힘든 시기와 고난이 얼마나 나를 우울하게 만들지 생각하며 끝없이 곤두박질친다. 실제로 나쁜 일은 생기기 마련이고 충격적이기는 하지만, 그런 경험을 통해 더 강해지고 단단해질 수 있다는 사실을 기억해야 한다. 괴로운 일을 겪으면서 내면의 발판을 다져놓으면 미래에 불어닥칠 거센 폭풍을 무사히 헤쳐 나가는 데 도움이 된다.[73] 이런 현상을 '외상 후 성장'이라고 한다.

누구나 자신을 제한하는 신념과 세계관을 갖고 산다. 그 결과 우리는 안심하면서 지금 하는 일에 집중하고 나머지는 내려놓는다. 이런 관점은 안정감을 준다. 예를 들어 삶을 예측할 수 있다고 생각해보자. 열심히 일하면 상사가 좋아할 테고 승진도 할 것이다. 반면 지금 건강을 꼼꼼히 챙겨두면 나중에 아프지 않을 것이다. 하지만 불행이 닥치면(병이 생기거나, 열심히 일했는데도 직장을 잃으면) 신념이 흔들린다. 믿음이 훼손되고 더 이상 유효하지 않다고 느낄 때, 마음의 평화를 찾고 싶으면 다시 들여다봐야 한다. 예전에 세운 가정을 자세히 검토해야 하며 심지어 바꿀 수도 있다.

역경이 당신을 변화시킨다

힘든 시기를 헤쳐 나가기 쉽지 않다는 사실 자체를 부정할 생각은 없다. 희망이 사라지고 우울증이 생길 수 있다. 어머니가 두 번째 암 진단을 받았을 때 나를 둘러싼 세상이 바뀌고 있다는 느낌이 들었다. 머릿속이 멍했고 어머니한테 왜 이런 일이 생기는지 이해하기 힘들었다. 항상 건강하고 활발하게 생활하셨고 이런 일을 겪기에는 너무 젊은 분이었으니까. 어머니는 겨우 쉰여덟이었다. 감정을 주체하기 힘들었고 불현듯 예고도 없이 슬픔이 몰아쳤다. 장이 꼬이는 듯한 느낌을 받는가 하면 제대로 판단을 내릴 수가 없었다. 심지어 최악의 타이밍에 그럴 때도 왕왕 있었다. 일하다가, 붐비는 버스에서, 혹은 퇴근길에, 심지어 아무 관심도 없어 보이는 사람과 대화하다가 이런 일이 생기기 일쑤였다.

하지만 어찌 된 일인지 고난이 심해질수록 내 안에서 무엇인가 변하는 것을 깨달았다. 스스로 보이지 않는 손을 내밀고 다른 이에게 도움을 요청하는 듯한 느낌이었다. 나는 세상과 점차 가까워지기 시작했다. 어느 날 퇴근길에 시내에서 전단을 나눠주는 한 젊은 여성과 마주쳤다. 평소라면 필요 없으니 전단 같은 건 받지 않는다. 그런데 어머니는 언제든 누가 그런 걸 건네면 흔쾌히 받는 편이다. 왜 그런 걸 받냐고 물어봤더니 "이런 게 인정이잖아"라고 대답했다. 나는 오랫동안 그게 무슨 의미가 있는지 전혀 이해하지 못했지만, 인생에서 가장 암담한 시기를 지나던 그 순간 갑

즉시 기분을 바꿔드립니다

자기 깨달았다. 그때 누군가가 내게 손을 뻗어준 것이다. 물론 그 여성은 그저 전단을 들고 지나가는 사람마다 나눠줬을 뿐이다. 하지만 내가 다른 사람의 하루를 조금 더 밝게 만들어주고, 전단을 거절하는 대신 받을 수 있겠다는 생각이 들었다. 그래서 받았다. 웃으며 고맙다고 하자 그도 내게 웃어주었다. 그 찰나의 소통, 내 사소한 몸짓에 그가 보내준 친근한 눈빛에 기분이 좋아졌고 그날 오후에는 그리 외롭지 않았다. 이처럼 유대가 깊어지고 사소한 일에 감사하는 것이야말로 외상 후 성장 과정에서 흔히 일어나는 일이다.[84]

어머니가 처음 유방암 진단을 받았을 때 주치의가 검사 결과를 몇 달간 잃어버리는 바람에 치료가 늦어졌다. 아마 그래서 더 예후가 악화했을 것이다. 암 진단을 받고 분실 사고로 속상해하는 과정에서 어머니에겐 트라우마가 생겼다.

하지만 어머니는 치료를 끝낸 후 이 모든 경험이 변화의 계기가 됐다고 말했다. 자연과 더 가까워진 느낌이고 여행을 가고 싶다고도 했다. 이미 일어난 일을 곱씹기보다 미래에 집중했다. 심지어 몇 년 후 암이 전이되어 재발했을 때는 더 많이 바뀌었다. 몇 달 동안 격렬하게 암과 싸운 후에 새로운 현실을 받아들이면서, 현재가 가장 중요하다는 사실을 깨달았다. 아이러니하게도 두 번째로 아픈데도 오히려 예전보다 덜 두려워했고 삶을 새로운 방식으로 이해했다. 삶에 집착하며 필사적으로 연장하려고 하거나 괴로워하지도 않았다. 그 대신 하루하루 즐기는 데 집중했다.

외상 후 성장을 경험할 때는 생각도 못 했던 온갖 변화가 일어나기 마련이다. 그 결과 삶을 바라보는 시각이 바뀔 수 있다. 극심한 고통을 극복한 사람들은 삶에 감사하게 됐다고 말한다. 심지어 새로운 삶의 목적, 혹은 신경과 전문의 빅터 프랭클Viktor Frankl의 표현에 따르면 "앞으로 성취해야 할 삶의 잠재적 의미"를 발견하기도 한다. 지금 단조로운 일을 하면서 행복하지 않고, 변화가 필요하다는 단순하지만 강렬한 깨달음도 이런 목적에 해당한다. 암을 진단받은 한 여성은 지금 하는 일을 좋아하지 않는다는 걸 깨닫고 암 환자를 돌보는 간호사가 되기로 했다. 그 일이 그에게 의미가 있었기 때문이다.[84, 85]

외상 후 성장을 통해 생각지도 못하게 성장하기도 한다. 영적으로 성장하는 한편 생각보다 자신이 더 강하다는 사실을 깨닫는다. 주디스 바이올스트Judith Viorst는 상실과 트라우마에 관한 저서[86]에서 아들을 잃은 카운슬러 랍비 해럴드 쿠슈너Rabbi Harold Kushner가 한 말을 인용했다. 랍비 쿠슈너는 비극적인 사건을 떠올리며 이렇게 말했다.[84, 86]

"나는 에런의 삶과 죽음 덕분에 에런이 존재하지 않았던 그 어느 때보다 더 세심한 사람이자 유능한 목회자이자 공감하는 카운슬러가 됐다. 하지만 아들을 되찾을 수 있다면

즉시 기분을 바꿔드립니다

이 모든 걸 단번에 포기할 것이다. 선택할 수만 있다면, 우리의 경험으로 얻었던 모든 영적 성장과 깊이를 얼마든지 포기하겠지만 (중략) 난 선택할 수 없다."

흥미롭게도, 고난을 경험하고 극복하고 나면 단순히 예전으로 돌아가는 게 아니다. 우리는 예전보다 더 강해진다. 이런 변화는 장기적으로 긍정적인 영향을 일으킨다. 힘든 시기를 겪으면서 외상 후 성장이나 정신적 웰빙을 이루고 싶다면 몇 가지 방법을 소개한다.

장기적인 대책 마련
외상을 극복하는 다섯 가지 전략

읽는 시간: 10분

1. 자기감정을 억제하지 말자

하버드 대학교 연구원 이치로 가와치Ichiro Kawachi는 자기 기분을 벗어나거나 떨쳐버리려고 하면 조기에 사망할 위험이 증가한다는 사실을 밝혀냈다.[87] 억눌린 분노와 절망, 슬픔을 해소하지 않아서 건강이 영향을 받고, 과식이나 음주 등 해로운 방식으로 감정에 대처하기 쉽기 때문이다.[87, 88]

사람들이 감정을 억제할 때는 삶에 만족감을 덜 느끼고 자존감이 낮아지는 경향을 보인다. 감정을 억누르면 진짜가 아닌 것 같은 기분이 든다. 겉으로는 침착해 보이려 하고 내면을 통제하려 하지만 마음속으로는 자신이 힘들다는 사실을 잘 안다. 이렇게 겉모습(외부 세계를 향해 쓰는 가면)과 진짜 감정의 괴리가 기분을 더욱더 가라앉힌다.[89]

무엇인가 힘든 일을 겪고 있고 슬프거나 화가 나거나 절망을 느낀다면, 불편한 감정을 억누르기보다 내 몸속에서 흘러가게 내버려두자. 무감각해지려 하지 말고 제대로 느껴야 한다.

2. 종이에 적어보자

적는 행위를 통해 치유가 이루어지기도 한다. 연구에 따르면 정신적 외상을 입은 내용을 써 내려가면서 몸도 마음도 나아진다고 한다. 긴장이 풀리고 뭐든 더 잘할 수 있다. 하지만 적는 방법도 중요하다. 외상과 스트레스를 다루는 방법에 관한 연구[90]에서 일부 참가자는 사건을 둘러싼 자기감정만 적었고 나머지는 자기감정뿐 아니라 상황을 어떻게 이해했는지도 적었다. 자기 생각과 감정, 자신이 이해한 상황을 적은 사람은 그렇지 않은 사람에 비해 외상을 통해 긍정적으로 성장했다는 결과가 나왔다. 이 연구 결과는 뜻밖이면서도 상당히 흥미롭다. 글을 쓰면 회복에 도움이 되고 앞으로 나아가는 길에 설 수 있다.

왜 자기 노출 self disclosure이 도움이 될까? 흉금을 터놓고 자기 경험을 글로 적으면 '해결되지 않은 문제'를 해결할 수 있다. 어떤 일로 깊은 상처를 받으면 순간적으로 균형을 잃고 자신을 지탱하던 내면의 발판이 지나치게 약하게 느껴진다.

자기 생각을 숨기거나 분명히 말하지 않으면 혼란스러워질 수 있다. 생각 자체가 모호하고 형태가 분명하지 않기 때문이다. 하지만 어떤 문제를 드러내자마자(단순히 적기만 해도) 세상이 더 명확하게 보이고 심지어 어떻게 할지 대처 방법이 생각나기도 한다. 우리가 느낌을 분명히 표현하려 할 때 몸에 흐르는 감정은 더 견고해진다. 생각을 종이에 쓰고 나면 더는 모호하지 않다. 생각이 형태를 부여받고 구체성을 띤다. 그 과정에서 시각이 더욱 명료해진다. 당신이 쓴 생각을 다른 사람과 공유하든 혼자 간직하든 상관없이 많은 이점을 누릴 수 있다.

3. 같은 경험을 했던 사람과 대화하자

힘든 시기를 보낼 때, 같은 일을 먼저 겪었던 사람과 대화하는 것도 좋다. 이는 외상 후 성장을 촉진하는 중요한 방법이다. 연구에 따르면 지지집단 support group의 구성원처럼 당신과 같은 경험을 했던 사람과 교류하면[84] 비슷한 상황에서 이들이 어떻게 대처했는지 배울 수 있다. 다른 관점과 신념을 배우고 이 신념을 활용하여 내면의 발판을 더욱더 강하게 다질 수 있다. 발판은 미래의 충격

종이에 글로 쓰면서
나 자신이 어떤 사람인지
더 잘 알 수 있다.

에 흔들리지 않게 당신을 받쳐줄 뿐 아니라 이런 사건이 더 큰 맥락에서 어떻게 작용하는지 파악할 때도 도움이 된다. 이 발판은 당신의 고통에 의미를 부여해준다.

4. 몸을 움직이자

신체 활동이 활발해지면 몸에 엔도르핀이 분비된다. 엔도르핀은 고통을 줄여주고 진정제로 작용하여 힘든 시기에 도움이 될 수 있다.[91] 과학자들은 운동이 "약처럼 작용"한다고 한다. 그래서 심지어 중독되기도 한다.[91] 가벼운 조깅 같은 신체 활동을 해보자. 엔도르핀이 꾸준히 분비되면 시간이 흐를수록 기분이 좋아진다. 연구에 따르면 신체 활동이 우울과 불안을 해소하는 데 도움이 되고 조기 사망 위험을 줄이는 등 여러모로 건강에 좋다고 한다.[92, 93]

5. 종교나 영성에 관심을 가져보자

알베르트 아인슈타인Albert Einstein은 역사상 가장 위대한 과학자였다. 중력 개념을 바꾸면서 현대 물리학에 지대한 영향을 미쳤고 노벨상을 받았다. 그는 이런 말을 남겼다. "과학을 연구할수록 더욱더 신을 믿게 된다." 10장에서는 어떻게 종교와 영성이 삶의 가장 어려운 질문에 답이 되고 대처하기 힘든 상황에 도움을 주는지 알아볼 것이다. 신에게 의지하는 행위가 어떻게 지혜와 힘이 솟아나는 기폭제로 작용하는지도 살펴본다.

이제, 당신의 차례다

힘든 시기를 헤쳐 나가기는 어렵다. 우울이나 분노, 절망으로 이어지기 쉽다. 이런 감정을 경험하는 건 버겁지만 힘든 시기를 거쳐 더 강해지고 개인적으로 성장할 수 있다. 이런 사실을 알면 앞으로 당신의 삶에 찾아올 더 힘든 시기에 대한 두려움도 어느 정도 사라질 것이다.

삶은 예측할 수 없다. 하지만 확실한 것도 있다. 사람은 자기 생각보다 강할 때가 많고, 버티면서 희망을 잃지 않으면 결국 길을 찾아내서 반대편 끝에 도달하기 마련이다. 옛 명언을 하나 소개한다. "인간의 가장 위대한 영광은 절대 넘어지지 않는 게 아니라 넘어질 때마다 다시 일어서는 데 있다."**

** 9장에서 제시하고 있는 대책들은 모두 매우 중요한 내용이지만, 외상을 입고 지친 상태에서는 이것들을 혼자 해나가기가 힘이 들기 마련이다. 외상은 상당히 강렬하고 힘든 경험이라 이후 매우 지치고 취약해지기에, 혼자 감당하기도 어렵고 주변 가족이나 친구가 잘 돕기도 어렵다. 가능하면 심리상담가나 정신건강의학과 의사 같은 전문가와 함께 대처해가기를 우선 권한다. ―안주연

절망에
빠졌나요?

희망을
찾는 법

사회가 현대화되면서 우리는 더욱 세속적으로 변했고 과학에서
답을 찾으려는 경향이 심해졌다. 하지만 지금도 가끔 사람들은 본
능적으로 삶의 의미가 무엇인지 묻고 과학을 넘어 답을 찾고 싶어
한다. 그 답은 다른 차원에 존재한다. 물질적, 물리적 차원을 뛰어
넘어 평화로운 감각이 존재하는 성스러운 영역 말이다.

　10장에서는 사람들이 왜 힘들면 종교에 의지하는지, 여러 가지
기도 방법이 정신 건강과 웰빙에 어떤 영향을 주는지 살펴본다.
또한 왜 많은 사람들이 영성에 의지해서 지혜와 지침을 구하는지
도 알아볼 것이다. 전 세계에서 명상이나 요가 수련이 인기를 끌
고 있으며 레이키(영적인 부분을 강조하는 미국식 기 치유 요법의 일종—편

집자) 구루나 영적 스승을 찾아가서 희망을 찾는 사람도 많다.

성스러운 영역에 접근해서 간편하게 조언을 얻고 싶으면 아래에 소개하는 '지금 당장, 응급처치' 중에서 하나를 읽어보기 바란다.

 ## 지금 당장, 응급처치

나뭇잎과 돌멩이를 모아보자. 영성에 가까워지는 한 가지 방법은 야외에서 자연에 흠뻑 젖어보는 것이다. 마음에 드는 나뭇잎이나 돌멩이를 주워 들자. 단순한 조언 같지만 위기 상황에서 효과가 큰 방법이다. 나뭇잎을 만지며 손안에서 바스락거리는 소리를 들을 때, 돌멩이의 매끄러운 질감을 느낄 때 물질세계로부터 해방되는 느낌이 든다. 매일 만지는 플라스틱을 비롯한 온갖 인공물과는 다른 순수하고 자연적인 잎이기 때문이다. 그렇게 기본으로 돌아가면 된다.

친구와 함께 기도하자. 이 행위를 통해 유대감이 형성되고 내 말을 들어줄 사람이 생긴다. 당신은 신에게 마음을 열고 있고, 친구는 당신 곁에 있다. 그러면 저절로 지지받는다는 느낌이 샘솟는다.

즉시 기분을 바꿔드립니다

기도의 심리학

살면서 가장 힘든 나날을 겪고 있을 때, 기분이 바닥을 칠 때, 그것은 당신이 가장 취약한 순간일 것이다. 예전에 해보고 검증했던 대처 방식이 더는 효과가 없고, 이 고난을 극복할 새로운 방법을 찾아야 한다. 이럴 때가 새로운 신념 체계를 받아들이기에 최적의 시기다. 어쩌면 종교에 의지해서 도움을 구할 수도 있다.

종교는 일부 사람들이 생각하듯이 단순히 정기적으로 모여서 예배하거나 경전을 읽는 행위 이상의 것이다. 혼자 방에 있을 때, 힘든 시기를 헤쳐 나가기 위해 뭐라도 붙잡고 도움을 청하는 것도 일종의 종교 경험이다. 다른 모든 것에 실패하고 매달리는 마지막 희망이 종교일 수도 있다. 또는 일상생활에서 마음속 깊이 붙들고 있는 무엇인가가 종교일지도 모른다.

종교를 활용하는 방식은 정신 건강에 커다란 영향을 준다. 종교적 신념이 웰빙과 내면의 평화를 가져다주기도 하지만 불안과 우울로 이어지기도 한다. 따라서 종교의 개념이 무엇인지, 이 맥락에서 어떤 대응 방식들이 나타나는지 자세히 들여다봐야 한다.

종교란 무엇인가?

종교는 뭔가 신성하다. '삶의 의미란 무엇인가?', '죽음 뒤에는 무슨 일이 일어나는가?' 등 대답할 수 없는 질문의 답을 찾고 싶을 때 사람들이 의지하는 다른 차원이다. 당신은 힘들 때 지금 왜 이런 일을 겪는지, 이면에 다른 이미가 있는시 이해하고 싶어 한다. 내가 인내하는 고통의 의미를 깨달으면 조금 더 견디기 쉬워진다.[94]

종교는 사람들을 편안하게 하고 통제감을 부여한다. 많은 사람이 실직이나 질병, 이혼, 경제적 문제로 괴로울 때 종교에 의지한다. 종교는 아무도 의지할 사람이 없을 때 우리를 지탱하는 지지대가 되어준다.

몇 년 전 모래사막과 그 위에 남겨진 발자국 사진을 본 적이 있다. 그 사진 옆에는 이런 글이 적혀 있었다. "아버지, 가장 암울한 순간에 당신은 저를 버리셨습니다. 저는 고통스러웠고 당신이 간절히 필요했지만 당신은 아무 데도 안 계셨지요. 저는 도와달라고 기도했습니다. 하지만 제 옆에서 걸어야 할 분은 안 보이고 사방에는 발자국뿐이었습니다." 이 말에 신이 대답했다. "아들아, 네가 가장 암울하고 힘든 순간에 나는 너를 짊어졌다. 네가 더 걷지 못할 때 너를 들어 올렸다. 네 힘이 빠졌을 때 내 팔로 안았다. 그러니 한 사람의 발자국만 남은 것이다." 이 말의 의미가 이후에도 계속 잊히지 않았다. 내가 보기에 이 대화야말로 종교의 진수를 보여주는 전형적인 예인 것 같다.

종교와 자존감

종교는 마음의 평화뿐만 아니라 자존감 형성에도 도움이 된다. 자기 몸을 신성하다고 생각하는 사람들은 스스로를 더 잘 돌보고 영양을 공급하며 과도한 자극을 피했다. 이런 사람들은 자신을 더 가치 있는 존재로 생각한다. 종교가 있으면 자기 관리를 잘한다는 뜻이 아니다. 자기 몸을 가치 있다고 생각하는 사람은[94, 95] 자기 관리를 잘할 가능성이 크다는 뜻이다.

기도가 주는 교훈

누구나 기도하는 법이 다르다. 당신이 신도이거나 종교 생활을 한다면 기도 방식도 웰빙에 영향을 미칠 수 있다. 두 가지 기도 방식을 들여다보면서 이 방법이 우리에게, 그리고 우리가 자신을 바라보는 시각에 어떤 영향을 주는지 살펴보자.

상호 관계 접근법

신과 교감할 때 '상호 관계 접근법collaborative approach'을 쓸 수 있다.[96] 이 접근법을 따르는 사람은 자기 옆에 있는 파트너에게 상의하듯 자기 문제를 신에게 고한다. 신과 함께 문제를 푸는 셈이다. 이 사람들은 적극적으로 문제를 해결하려고 한다. 이런 자세는 정신적 웰빙으로 이어진다.

떠넘기기 접근법

어떤 사람들은 기도할 때 '떠넘기기 접근법deferral approach'을 쓴다.[96] 이들은 자기 문제를 신에게 미루고 그대로 해결되길 기도한다. 이 접근법은 삶에 별로 자신이 없고 신을 뭐든 다 아는 전지전능한 존재로 보는 사람들이 많이 쓰는 방법이다. 이들은 스스로 해결하려 하지 않으며 인생을 시험하기를 두려워한다. 예를 들어일의 진도가 뒤처졌을 때 상황을 개선하는 노력을 전혀 하지 않으면 신에게 기도해봤자 소용없다. 이럴 때는 기도하는 게 아니라신문을 읽거나 보고서를 써야 한다. 스트레스와 문제를 신에게 떠넘기면 책임감이 줄어든다. 상황을 바꾸기 위해 당신이 할 수 있는일도 사라진다. 늙은 선원이 남긴 명언이 좋은 길잡이가 될 듯하다. "신에게 기도하면서도 계속 해변을 향해 배를 저을 것이다."[97]

떠넘기기가 큰 효과를 볼 때도 있다. 예를 들어 심각한 병이나사고 등 당신이 통제할 수 있는 범위를 벗어난 상황에는 도움이된다.[96] 이런 방법으로 기도하면, 스스로 아무것도 못하는 상황에서도 신에게 의존하면서 짐을 덜 수 있다. 연구에 따르면 종교가있고 힘들 때마다 기도에 의지하는 암 환자들은 그렇지 않은 환자들보다 고통을 덜 겪는다고 한다.[97]

기도는 삶에 적극적으로 다가가는 방법

기도를 삶의 문제에 대한 수동적 접근법이라고 생각하는 사람들이 있다. 하지만 연구에 따르면 꼭 그렇지는 않다. 종교적 대처는 상당히 다양한 양상으로 나타난다.[98] 예를 들어 '상호 관계 접근법'으로 기도하는 사람은 문제를 스스로 해결하고 책임지려 한다. 수동적으로 받기만 하는 사람이 아니며, 행동하는 사람이다.

신에 대한 믿음은 영향력을 발휘한다

종교에서는 신을 바라보는 관점도 중요하다. 신을 전반적으로 자애롭고 당신을 도와주는 존재라고 생각하는가? 아니면 당신을 벌하고 해치는 존재로 보는가? 이런 시각이 웰빙에도 큰 영향을 미친다.

연구에 따르면 신을 자기편으로 믿는 사람들은 정신 건강이 더 좋은 경향을 보였다. 신과 긍정적인 관계를 맺고 그 관계를 선한 힘이라고 생각하는 사람은 스트레스를 덜 받았고 다른 사람보다 긍정적인 기분을 느꼈다.[98]

한편 신이 죄를 벌했기 때문에 자신이 불행해졌다고 생각하거나 절망하는 사람들은 정신 건강이 나쁜 편이었다. 신의 권능에는 한계가 있고 내 기도를 들어주지 않는다고 생각하는 사람도 한없이 가라앉는 경향이 있었다. 신과의 관계에서 긴장이나 어려움이 발생할 때마다 불안과 우울이 이어졌다.[98-100] 내가 만난 한 여성은 건강이 좋지 않아서 신에게 도와달라고 기도했다. 한 달간 기도한 후에도 병은 낫지 않았다. 그는 신에게 도와줄 능력이 없거

신이 나를 절망시키거나
단죄한다고 생각하는 사람은
신이 나를 돕는다고 믿는 사람보다
덜 행복한 편이다.

나 자기를 잊어버린 모양이라고 생각했다. 이런 부정적인 인식 때문에 기분이 더 처졌고 괴로움이 가중되었다.

신을 생각하면서 괴로움과 갈등을 느끼면, 그럴 때마다 이것이 정신 건강에 나쁜 영향을 미친다. 하지만 신을 공정하고 자애롭다고 생각하면 건강에 긍정적으로 작용한다. 마음의 평화를 찾을 수 있기에 더 잘 해낼 수 있다.

삶에서 종교는 다양한 형태로 나타난다. 누군가에게 신은 삶의 중심까지는 아니더라도 영적, 감정적 도움이 필요할 때마다 의지하는 지지집단의 구성원일 수 있다. 지지집단은 가족, 친구, 동료 등 다양한 사람으로 구성된다. 이 집단에서 우리는 필요에 따라 여러 사람에게 의지한다. 연구에 따르면 이 구성원 가운데 한 명이 당신의 신이 되기도 한다.[101, 102]

내가 받은 메일을 소개한다. 크리스토프는 신과 신에 대한 '믿음'이 자신에게 어떻게 도움이 됐는지 설명해주었다.

> 신이 날 위해 일하거나 내 일을 해줄 수는 없지만, 가끔 어떻게 행동해야 할지 머릿속에 아이디어가 번뜩 떠오르고 '이렇게 해야겠다'라는 확신이 들 때가 있어요. 내 문제를 도와줄 만한 사람이 떠오르기도 하고요. 그럴 때 도전해야 합니다. 그러면 다른 때보다 문제가 해결되리라는 희망이 더 커져요. 좀 더 낙관적인 기분이 듭니다.

영성

종교나 신을 받아들이지 않고 영성에 의지하여 답을 구하는 사람이 있다. 이들은 마음 챙김이나 요가, 명상 같은 영적 수련으로 삶에 의미를 부여한다. 하지만 신과 영성이 공존하지 못하는 건 아니다. 신에게 기도하면서 영성을 추구해도 좋다. 이런 수련을 '영적'이라고 생각하지 않더라도 효과는 볼 수 있다. 영성을 계발하는 다섯 가지 전략을 소개한다.

장기적인 대책 마련
영성을 탐색하는 다섯 가지 전략

읽는 시간: 10분

1. 희망찬 음악을 듣자

희망찬 음악은 우리 내면에서 색다른 감각, 즉 의미를 찾고 싶은 열망을 끄집어낸다. 음악을 들으면 기분이 좋아지고 영적으로 풍요로워진다. 과학에 따르면 음악 감상에는 여러 장점이 있다. 불안을 해소하고 고통을 줄여주며 심지어 뇌에 긍정적인 영향을 주기도 한다.[103] 모차르트 음악을 10분 들으면 사람의 시공간 추론 (공간 인식) 능력이 향상된다고 한다.[104] 이것을 '모차르트 효과'라고 부른다. 심지어 모차르트 음악을 들은 쥐는 미로에서 더 능숙하게

즉시 기분을 바꿔드립니다

길을 찾았다. 백색소음만 듣거나 아무 소리도 안 듣거나 미니멀음악(최소한의 음악 재료를 일정한 패턴에 따라 무한 반복하는 음악—편집자)만 들은 쥐보다 속도가 빠르고 실수가 적은 편이었다.[105] 희망찬 음악은 우리 마음에 긍정적인 영향을 주고 힘들 때 의지할 수 있다.

2. 여행을 떠나자

새로운 장소로 여행을 떠나면 자극을 받고 스스로를 돌아보고 사색할 수 있다. 낯선 도시에서 새로운 풍경을 보면서 신선한 공기를 마시면 힘이 솟을 뿐 아니라 영적으로도 풍요로워진다. 여행은 당신이 삶에서 무엇을 원하는지, 무엇을 내려놔야 하는지(중요하지 않은데 지나치게 자주 평정을 흩트리는 것) 깨닫게 해준다. 멀리 가기 힘들면 당일치기 여행으로도 효과를 볼 수 있다.

3. 왜 고통스러울까?

불교 승려들은 우리의 마음이 불행의 원천이라고 말한다. 마음이 불행이 원천이라는 건 행복과 고통의 원인도 마음속에 있다는 뜻이다. 우리는 세상일을 지나치게 합리화하거나 증거에 집착하고, 명확하고 확고한 방법으로 신념을 찾고 싶어 한다. 하지만 영적인 차원은 본질적으로 측정이 어렵다. 무언가가 도움이 되는 걸 발견했으면 돌아가서 다시 살펴보자. 우리에게 필요한 건 그게 전부다. 예를 들어 명상으로 평화로운 순간을 찾았다면 명상이 당신에게

음악을 들으면
덜 불안해지고
고통이 줄어든다.

유익했다는 뜻이다. 속상한 일이 일어날 때마다 그 순간으로 돌아가자.

4. 마음의 평화가 곧 행복이라는 걸 깨닫자

우리는 행복을 흥분 상태와 동일시할 때가 많다. 아이폰을 새로 사면, 멋진 밴드를 발견하면, 기다려 마지않던 문자메시지를 받으면 행복할 거라고 생각한다. 그 순간 긍정적인 감정으로 기분이 들뜨는 건 사실이지만 흥분은 빠르게 가라앉는다. 금세 예전 상태로 돌아가고, 원하는 만큼 행복한 느낌이 지속되지 않는다.

마음 챙김 명상에서는 행복은 그리 복잡하지 않고 훨씬 미묘하며 물질에 의존하지 않는다는 진리를 보여준다. 행복은 마음의 평화에서 온다. 고요하고 평온한 순간이 삶에 쌓일수록 더 행복하다고 느낄 것이다.

5. 풀밭을 맨발로 걸어보자

풀밭을 맨발로 걸으면서 영성에 가까워질 수 있다. 이런 활동을 접지earthing, grounding라고도 한다. 풀밭을 맨발로 걸으면 색다른 감각이 느껴진다. 지금 이 순간 발바닥 아래에서 느껴지는 울퉁불퉁한 땅, 부드러운 흙, 뜻밖의 따끔함, 그리고 행복감에 집중할 수밖에 없다. 땅을 맨발로 걸으면 자연과의 유대가 깊어지고 땅과 가깝다는 느낌, 영적인 감각이 찾아온다.

즉시 기분을 바꿔드립니다

이제, 당신의 차례다

도움이 필요하거나 심오한 의미를 찾고 싶을 때 어떤 이는 영성에 의지하고 어떤 이는 종교에 의지한다. 둘 다 활용하는 사람도 있다. 지금 종교적 믿음이 없고 이 세계를 좀 더 깊이 알아보고 싶다면 단계별로 접근해보자. 마음 챙김 명상 강좌를 듣거나 종교가 어떻게 도움이 되는지 다룬 글을 읽어도 좋다.

전 세계에서 수없이 많은 사람이 신에게 도움을 청한다. 사는 게 힘든 순간이 있기 때문이다. 그럴 때 누군가를 믿고 손을 잡으면(종교든 영성이든, 어떤 이름을 붙인 존재든) 힘든 일이 조금 견디기 쉬워진다. 그리고 다시 일어설 수 있다.

나오며

이런 생각으로 책을 마무리하고 싶다. 지난 몇 년간 많은 사람이 내게 기분 때문에 고생이 심하다며 어떻게 해야 할지 궁금하다는 메일을 보냈다. 우유부단해서 무기력해진 남자, 툭하면 미루는 학생, 과거의 실수를 잊지 못하는 여성 등 다양한 부류가 있었다. 나는 이런 사람들을 염두에 두고 이 책을 썼다. 다른 방법이 존재한다는 걸 보여주고 싶었다. 지금 기분이 어떻든 회복하고 원하는 사람이 될 방법 말이다. 나이가 몇 살이든, 현재 어떤 삶을 살고 있든, 어떤 패를 쥐고 있든 모두에게 적용될 방법이다. 이 책이 여러분에게 도움이 되었기를 바라며, 이 책을 통해 당신에게 유익한 길을 찾아 나아가기를 소망한다.

즉시 기분을 바꿔드립니다

감사의 글

저를 믿고 이 책을 쓸 기회를 준 메리앤 타테포에게 감사합니다. 당신의 선견지명 덕분에 이 원고의 틀을 잡을 수 있었고 그 헌신과 노력, 재능이 아니었으면 이 작업은 불가능했을 겁니다.

책을 멋지게 교열해준 베키 알렉산더. 원고를 하나하나 철저히 검토하고 유익한 피드백을 줘서 고마웠습니다.

제게 첫 기회를 준 크레이그 브리얼리, 톰 파크힐, 그리고 맷 워런도 고맙습니다.

이 책을 쓸 때, 그리고 응급 기분 치료제가 필요할 때 아버지의 음악을 들으면서 힘을 내곤 했습니다. 아버지가 만든 음악 덕분에 글을 쓰는 동안 희망과 기운을 얻을 수 있었습니다.

마지막으로 해피플레이스/에버리북스 식구들에게도 감사의 말씀을 전합니다. 애나 보언, 엘리 크리스프, 펀 코튼, 고맙습니다. 펭귄 출판사의 가족이 될 수 있어 영광이었습니다.

즉시 기분을 바꿔드립니다

참고 문헌

1. Dijksterhuis, A., et al., *On making the right choice: the deliberation-without-attention effect. Science*, 2006. 311(5763): p. 1005–7.

2. Douglas, K. and D. Jones, *Top 10 ways to make better decisions*, in *New Scientist* 2007, https://www.newscientist.com/article/mg19426021-100-top-10-ways-to-make-better-decisions/.

3. Schwartz, B., et al., *Maximizing versus satisficing: happiness is a matter of choice.* J Pers Soc Psychol, 2002. 83(5): p. 1178–97.

4. Iyengar, S.S. and M.R. Lepper, *When choice is demotivating: can one desire too much of a good thing?* J Pers Soc Psychol, 2000. 79(6): p. 995–1006.

5. Wilson, T. and D. Gilbert, *Affective Forecasting: Knowing What to Want.* curr Dir Psychol Science, 2005. 14(3): p. 131–34.

6. Gilbert, D.T., et al., *Immune neglect: a source of durability bias in*

affective forecasting. J Pers Soc Psychol, 1998. 75(3): p. 617–38.

7. Carpenter, S. *We don't know our own strength*, in *American Psychological Association*, 2001, https://www.apa.org/monitor/oct01/strength.

8. Marchetti, I., et al., *Self-generated thoughts and depression: from daydreaming to depressive symptoms.* Front Hum Neurosci, 2014. 8(131): p. 1–10.

9. Marchetti, I., et al., *Spontaneous Thought and Vulnerability to Mood Disorders: The Dark Side of the Wandering Mind.* Clin Psychol Sci, 2016. 4(5): p. 835–857.

10. Tice, D.M. and R.F. Baumeister, *Longitudinal study of procrastination, performance, stress, and health: the costs and benefits of dawdling.* Psychol Sci, 1997. 8(6): p. 454–58.

11. Svartdal, F., et al., *On the Behavioral Side of Procrastination: Exploring Behavioral Delay in Real-Life Settings.* Front Psychol, 2018. 9: p. 746.

12. Hajloo, N., *Relationships between self-efficacy, self-esteem and procrastination in undergraduate psychology students.* Iran J Psychiatry Behav Sci, 2014. 8(3): p. 42–9.

13. Gallwey, W.T., *The Inner Game of Work: Focus, Learning, Pleasure, and Mobility in the Workplace.* 2001: Random House Publishing Group. 티머시 골웨이, 최명돈 옮김, 《이너게임》(가을여행, 2019)

14. Pychyl, T.A., *Solving the Procrastination Puzzle: A Concise Guide to Strategies for Change.* 2013: Jeremy P. Tarcher/Penguin, a member of Penguin Group (USA).

15. Gilbert, D.T. and T.D. Wilson, *Why the brain talks to itself: sources of error in emotional prediction.* Philos Trans R Soc Lond B Biol Sci, 2009. 364(1521): p. 1335–41.

16. Eldufani, J., et al., *Nonanesthetic Effects of Ketamine: A Review*

즉시 기분을 바꿔드립니다

Article. Am J Med, 2018. 131(12): p. 1418–1424.

17. Dweck, C., *Mindset – Updated Edition: Changing The Way You think To Fulfil Your Potential*. 2017: Little, Brown Book Group. 캐럴 드웩, 김윤재 옮김, 《마인드셋》(스몰빅라이프, 2017)

18. Haase, c.M., et al., *Happiness as a motivator: positive affect predicts primary control striving for career and educational goals*. Pers Soc Psychol Bull, 2012. 38(8): p. 1093–104.

19. Baumeister, R., et al., *Losing Control: How and Why People Fail at Self-Regulation*. 1994: Elsevier Science.

20. Mischel, W., et al., *The nature of adolescent competencies predicted by preschool delay of gratification*. J Pers Soc Psychol, 1988. 54(4): p. 687–96.

21. Moffitt, T.E., et al., *A gradient of childhood self-control predicts health, wealth, and public safety*. Proc Natl Acad Sci USA, 2011. 108(7): p. 2693–8.

22. Stromback, C., et al., *Does self-control predict financial behavior and financial well-being?* J Behav Exp Finance, 2017. 14: p. 30–38.

23. Duckworth, A.L., et al., *What No Child Left Behind Leaves Behind: The Roles of IQ and Self-Control in Predicting Standardized Achievement Test Scores and Report Card Grades*. J Educ Psychol, 2012. 104(2): p. 439–451.

24. Sternberg, R.J., *Intelligence*. Dialogues Clin Neurosci, 2012. 14(1): p. 19–27.

25. Wong, M.M. and M. Csikszentmihalyi, *Motivation and academic achievement: the effects of personality traits and the quality of experience*. J Pers, 1991. 59(3): p. 539–74.

26. Remes, O., et al., *A strong sense of coherence associated with reduced risk of anxiety disorder among women in disadvantaged circumstances: British population study*. BMJ Open, 2018. 8(4): p.

e018501.

27. Park, N., et al., *Character strengths in fifty-four nations and the fifty US states*. J Posit Psychol, 2007. 1(3): p. 118–29.

28. Muraven, M. and R.F. Baumeister, *Self-regulation and depletion of limited resources: does self-control resemble a muscle?* Psychol Bull, 2000. 126(2): p. 247–59.

29. Baumeister, R.F., et al., *Ego depletion: is the active self a limited resource?* J Pers Soc Psychol, 1998. 74(5): p. 1252–65.

30. Muraven, M. and D. Shmueli, *The self-control costs of fighting the temptation to drink*. Psychol Addict Behav, 2006. 20(2): p. 154–60.

31. Duckworth, A.L., et al., *Situational Strategies for Self-Control*. Perspect Psychol Sci, 2016. 11(1): p. 35–55.

32. Muraven, M., et al., *Longitudinal improvement of self-regulation through practice: building self-control strength through repeated exercise*. J Soc Psychol, 1999. 139(4): p. 446–57.

33. Tice, D.M., et al., *Restoring the self: Positive affect helps improve self-regulation following ego depletion*. J Exp Soc Psychol 2007. 43: p. 379–84.

34. Fowler, J.H. and N.A. Christakis, *Dynamic spread of happiness in a large social network: longitudinal analysis over 20 years in the Framingham Heart Study*. BMJ, 2008. 337: p. a2338.

35. Mcghee, P., *Humor as Survival Training for a Stressed-Out World: The 7 Humor Habits Program*. 2010: AuthorHouse.

36. Marziali, E., et al., *The role of coping humor in the physical and mental health of older adults*. Aging Ment Health, 2008. 12(6): p. 713–8.

37. Samson, A.C. and J.J. Gross, *Humour as emotion regulation: the*

즉시 기분을 바꿔드립니다

differential consequences of negative versus positive humour. Cogn Emot, 2012. 26(2): p. 375–84.

38. Ford, T.E., et al., *Effect of humor on state anxiety and math performance.* Humor, 2012. 25(1): p. 59–74.

39. Daviu, N., et al., *Neurobiological links between stress and anxiety.* Neurobiol Stress, 2019. 11: p. 100191.

40. Fredrickson, B.L. and T. Joiner, *Positive emotions trigger upward spirals toward emotional well-being.* Psychol Sci, 2002. 13(2): p. 172–5.

41. Fredrickson, B.L., *The broaden-and-build theory of positive emotions.* Philos Trans R Soc Lond B Biol Sci, 2004. 359(1449): p. 1367–78.

42. Tagalidou, N., et al., *Feasibility of a Humor Training to Promote Humor and Decrease Stress in a Subclinical Sample: A Single-Arm Pilot Study.* Front Psychol, 2018. 9: p. 577.

43. Henman, L., *Humor, control & human connection: lessons from the Vietnam POWs.* Humor, 2001. 14(1): p.83–94.

44. Mcghee, P. *Using Humor to cope; humor in concentration/POW camps.* https://www.laughterremedy.com/article_pdfs/using%20Humor%20to%20cope-part%202.pdf.

45. Uvnäs-Moberg, K., et al., *Self-soothing behaviors with particular reference to oxytocin release induced by non-noxious sensory stimulation.* Front Psychol, 2014. 5: p. 1529.

46. Simpson, H.B., et al., *Anxiety Disorders: Theory, Research and Clinical Perspectives.* 2010: Cambridge University Press.

47. Hecht, D., *The neural basis of optimism and pessimism.* Exp Neurobiol, 2013. 22(3): p. 173–99.

48. Carver, C.S., et al., *Optimism.* Clin Psychol Rev, 2010. 30(7): p.

879–89.

49. Ironson, G., et al., *Dispositional optimism and the mechanisms by which it predicts slower disease progression in HIV: proactive behavior, avoidant coping, and depression*. Int J Behav Med, 2005. 12(2): p. 86–97.

50. Ramírez-Maestre, C., R. et al., *The role of optimism and pessimism in chronic pain patients adjustment*. Span J Psychol, 2012. 15(1): p. 286–94.

51. Jacobson, N.S., et al., *Behavioral activation treatment for depression: returning to contextual roots*. Clin Psychol Sci Prac, 2001. 8: p. 15.

52. Jacobson, N.S. and E.T. Gortner, *Can depression be de-medicalized in the 21st century: scientific revolutions, counter-revolutions and the magnetic field of normal science*. Behav Res Ther, 2000. 38(2): p. 103–17.

53. Martell, C.R., et al., *Depression in Context: Strategies for Guided Action*. 2001: W.W. Norton.

54. NcNiel, J.M. and W. Fleeson, *The causal effects of extraversion on positive affect and neuroticism on negative affect: Manipulating state extraversion and state neuroticism in an experimental approach*. J Res Pers, 2006. 40(5): p. 529–50.

55. British Red Cross. *Covid-19 and isolation: helpful things to remember about loneliness*, https://www.redcross.org.uk/stories/disasters-and-emergencies/uk/coronavirus-six-facts-about-loneliness.

56. Cacioppo, J.T. and S. Cacioppo, *The growing problem of loneliness*. Lancet, 2018. 391(10119): p. 426.

57. Murthy, V. *Work and the Loneliness Epidemic*, in *Harvard Business Review*, 2017, https://hbr.org/2017/09/work-and-the-loneliness-epidemic.

58. Hawkley, L.C. and J.T. Cacioppo, *Loneliness matters: a theoretical*

and empirical review of consequences and mechanisms. Ann Behav Med, 2010. 40(2): p. 218–27.

59. Rico-Uribe, L.A., et al., *Association of loneliness with all-cause mortality: A meta-analysis*. PloS One, 2018. 13(1): p. e0190033.

60. Kiecolt-Glaser, J.K., et al., *Urinary cortisol levels, cellular immunocompetency, and loneliness in psychiatric inpatients*. Psychosom Med, 1984. 46(1): p. 15–23.

61. Caspi, A., et al., *Socially isolated children 20 years later: risk of cardiovascular disease*. Arch Pediatr Adolesc Med, 2006. 160(8): p. 805–11.

62. Epley, N. and J. Schroeder, *Mistakenly seeking solitude*. J Exp psychol Gen, 2014. 143(5): p. 1980–99.

63. Epley, N. and J. Schroeder, *The surprising benefits of talking to strangers*, in *BBC News*, 2019, https://www.bbc.co.uk/news/world-48459940.

64. Burridge, T., *Crossing Divides: Can a 'chatty bus' combat loneliness?*, in *BBC News*, 2019, https://www.bbc.co.uk/news/uk-48622007.

65. Spithoven, A.W.M., et al., *It is all in their mind: A review on information processing bias in lonely individuals*. Clin Psychol Rev, 2017. 58: p. 97–114.

66. Baumeister, R.F., et al., *Social exclusion impairs self-regulation*. J Pers Soc Psychol, 2005. 88(4): p. 589–604.

67. Newall, N.E., et al., *Causal beliefs, social participation, and loneliness among older adults: A longitudinal study*. J Soc Pers Relat, 2009. 26(2): p. 273–90.

68. Sprecher, S., et al., *Factors Associated with Distress Following the Breakup of a Close Relationship*. J Soc Pers Relat 1998. 15(6): p. 791–809.

69. Newman, H.M. and E.J. Langer, *Post-divorce adaptation and the attribution of responsibility*. Sex Roles, 1981. 7: p. 223–32.

70. Tashiro, T. and P. Frazier, *"I'll never be in a relationship like that again": Personal growth following romantic relationship breakups*. Pers Relatsh, 2003. 10(1): p. 113–128.

71. Kansky, J. and J.P. Allen, *Making Sense and Moving On: The Potential for Individual and Interpersonal Growth Following Emerging Adult Breakups*. Emerg Adulthood, 2018. 6(3): p. 172–190.

72. Lewandowski, G.W., *Promoting positive emotions following relationship dissolution through writing*. J Posit Psychol, 2009. 4(1): p. 21–31.

73. Aron, A., et al., *Reward, motivation, and emotion systems associated with early-stage intense romantic love*. J Neurophysiol, 2005. 94(1): p. 327–37.

74. Seshadri, K.G., *The neuroendocrinology of love*. Indian J Endocrinol Metab, 2016. 20(4): p. 558–63.

75. Wu, K., *Love, Actually: The science behind lust, attraction, and companionship*, in *Harvard University, The Graduate School of Arts and Sciences*, http://sitn.hms.harvard.edu/flash/2017/love-actually-science-behind-lust-attraction-companionship/.

76. Marazziti, D., et al., *Alteration of the platelet serotonin transporter in romantic love*. Psychol Med, 1999. 29(3): p. 741–5.

77. Stromberg, J., *This is your brain on love*, in *Vox*, 2015, https://www.vox.com/2015/2/12/8025525/love-neuroscience.

78. Stony Brook university, *Anguish Of Romantic Rejection May Be Linked To Stimulation Of Areas Of Brain Related To Motivation, Reward And Addiction*, in *Science Daily*, 2010, https://www.sciencedaily.com/ releases/2010/07/100722142201.htm.

79. Mark, C., *Broken heart, broken brain: The neurology of breaking*

즉시 기분을 바꿔드립니다

up and how to get over it, in *CBC*, 2018, https://www.cbc.ca/life/
wellness/broken-heart-broken-brain-the-neurology-of-breaking-up-
and-how- to-get-over-it-1.4608785.

80. Helgeson, V.S., et al., *A meta-analytic review of benefit finding and
growth*. J Consult Clin Psychol, 2006. 74(5): p. 797–816.

81. Fredrickson, B.L., *What Good Are Positive Emotions?* Rev Gen
Psychol, 1998. 2(3): p. 300–319.

82. Fredrickson, B.L. and R.W. Levenson, *Positive Emotions Speed
Recovery from the Cardiovascular Sequelae of Negative Emotions*.
Cogn Emot, 1998. 12(2): p. 191–220.

83. Mineo, L. *Harvard study, almost 80 years old, has proved that embracing
community helps us live longer, and be happier.* 2017, https://news.
harvard.edu/gazette/story/2017/04/over-nearly-80-years-harvard-
study-has-been-showing-how-to-live-a-healthy-and-happy-life/.

84. R Tedeschi, L.C., *Posttraumatic growth: conceptual foundations
and empirical evidence*. Psychol Inq, 2004. 15(1): p. 1–18.

85. Tedeschi, R.G., et al., *Posttraumatic Growth: Theory, Research, and
Applications*. 2018: Taylor & Francis.

86. Viorst, J., *Necessary Losses*. 1986: Simon and Schuster. 주디스 바이올
스트, 오혜경 옮김, 《상처 입은 나를 위로하라》(Y브릭로드, 2009)

87. Chapman, B.P., et al., *Emotion suppression and mortality risk over
a 12-year follow-up*. J Psychosom Res, 2013. 75(4): p. 381–5.

88. Nathan Consedine, C.M., et al., *Moderators of the Emotion Inhib-
ition-Health Relationship: A Review and Research Agenda*. Rev
Gen Psychol, 2002. 6(2): p. 204–28.

89. Gross, J.J. and O.P. John, *Individual differences in two emotion
regulation processes: implications for affect, relationships, and well-
being*. J Pers Soc Psychol, 2003. 85(2): p. 348–62.

90. Ullrich, P.M. and S.K. Lutgendorf, *Journaling about stressful events: effects of cognitive processing and emotional expression.* Ann Behav Med, 2002. 24(3): p. 244–50.

91. Vina, J., et al., *Exercise acts as a drug; the pharmacological benefits of exercise.* Br J Pharmacol, 2012. 167(1): p. 1–12.

92. Murri, M.B., et al., *Physical Exercise in Major Depression: Reducing the Mortality Gap While Improving Clinical Outcomes.* Front Psychiatry, 2018. 9: p. 762.

93. Anderson, E. and G. Shivakumar, *Effects of exercise and physical activity on anxiety.* Front Psychiatry, 2013. 4: p. 27.

94. Pargament, K.I., *The Psychology of Religion and Coping: Theory, Research, Practice.* 2001: Guilford Publications.

95. Pargament, K., et al., *The Brief RCOPE: Current Psychometric Status of a Short Measure of Religious Coping.* Religions, 2011. 2: p. 51–76.

96. Pargament, K., et al., *Religion and the Problem-Solving Process: Three Styles of Coping.* J Sci Study Relig, 1988. 27(1): p. 90.

97. Yates, J.W., et al., *Religion in patients with advanced cancer.* Med Pediatr Oncol, 1981. 9(2): p. 121–8.

98. Pargament, K.I., et al., *The many methods of religious coping: development and initial validation of the RCOPE.* J Clin Psychol, 2000. 56(4): p. 519–43.

99. O'Brien, B., et al., *Positive and negative religious coping as predictors of distress among minority older adults.* Int J Geriatr Psychiatry, 2019. 34(1): p. 54–59.

100. Hebert, R., et al., *Positive and negative religious coping and well-being in women with breast cancer.* J Palliat Med, 2009. 12(6): p. 537–45.

즉시 기분을 바꿔드립니다

101. Pargament, K., et al., *God help me: religious coping efforts as predictors of the outcomes to significant negative life events.* Am J Community Psychol, 1990. 18: p. 793–24.

102. Pargament, K., et al., *Religion and the Problem-Solving Process: Three Styles of Coping.* JSSR, 1988. 27(1): p. 90–104.

103. Kemper, K.J. and S.C. Danhauer, *Music as therapy.* South Med J, 2005. 98(3): p. 282–8.

104. Rauscher, F.H., et al., *Music and spatial task performance.* Nature, 1993. 365(6447): p. 611.

105. Rauscher, F.H., et al., *Improved maze learning through early music exposure in rats.* Neurol Res, 1998. 20(5): p. 427–32.

옮긴이 김잔디

책과 무관한 기업에서 7년간 일하다가, 평생을 책과 씨름하면서도 놀이하듯 즐겁게 살고 싶어 번역가의 길을 선택했다. 정확하면서도 따뜻한 여운이 남는 번역을 목표로 삼고 있다 서운시립대학교를 졸업하고 글밥아카데미를 수료한 후 바른번역 소속 번역가로 활동 중이다. 옮긴 책으로는《리더의 마음챙김》《좋은 리더가 되고 싶습니까?》《미라클 모닝 기적의 공식》《인생의 해답》《열정 절벽》《모네가 사랑한 정원》《소로의 야생화 일기》등이 있다.

즉시 기분을 바꿔드립니다

초판 1쇄 인쇄 2021년 11월 19일 **초판 1쇄 발행** 2021년 12월 1일

지은이 올리비아 레메스
옮긴이 김잔디
펴낸이 이승현

편집2 본부장 박태근
W&G1 팀장 류혜정
기획편집 남은경
일러스트 엄지
디자인 신나은

펴낸곳 ㈜위즈덤하우스 **출판등록** 2000년 5월 23일 제13-1071호
주소 서울특별시 마포구 양화로 19 합정오피스빌딩 17층
전화 02) 2179-5600 **홈페이지** www.wisdomhouse.co.kr

ISBN 979-11-6812-084-6 03190